AF383541

LA
MAISON CENTRALE DE NIMES

SES ORGANES, SES FONCTIONS, SA VIE

PAR

Le Dr CHARLES PERRIER

MÉDECIN DES PRISONS
EXPERT PRÈS LES TRIBUNAUX DE NIMES

PARIS

G. MASSON, ÉDITEUR

LIBRAIRE DE L'ACADÉMIE DE MÉDECINE

120, BOULEVARD SAINT-GERMAIN

1896

LA

MAISON CENTRALE DE NIMES

SES ORGANES, SES FONCTIONS, SA VIE

MONTPELLIER. — IMPRIMERIE CHARLES BOEHM.

LA
MAISON CENTRALE DE NIMES

SES ORGANES, SES FONCTIONS, SA VIE

PAR

Le Dʳ Charles PERRIER

MÉDECIN DES PRISONS
EXPERT PRÈS LES TRIBUNAUX DE NIMES

PARIS

G. MASSON, ÉDITEUR

LIBRAIRE DE L'ACADÉMIE DE MÉDECINE
120, BOULEVARD SAINT-GERMAIN

1896

A LA MÉMOIRE

DE

François PERRIER

MEMBRE DE L'INSTITUT,
DU BUREAU DES LONGITUDES,
GÉNÉRAL

EMPRISONNEMENT ET CRIMINALITÉ

LA MAISON CENTRALE

DE NIMES

CHAPITRE PREMIER

Du système pénitentiaire.

Sous l'ancien régime, les prisons — qu'elles fussent royales, seigneuriales ou ecclésiastiques— n'étaient que « l'antichambre de la justice, des galères ou de l'échafaud [1] ». On y raidissait de froid, on y enrageait de faim et on y pourrissait de vermine.

Dès 1791, la prison devint une peine.

Les prisons furent alors divisées en 4 catégories : 1° les maisons d'arrêt ; 2° les maisons de correc-

[1] Maxime du Camp. Paris.

tion, destinées aux enfants de moins de 16 ans et aux jeunes gens mineurs détenus à la demande de leurs parents ; 3° les prisons pénales correctionnelles ; 4° les prisons pénales criminelles (bagnes, maisons de force, maisons de gêne [1]).

Mais le manque d'espace, l'insalubrité des lieux, l'oisiveté des prisonniers, la cupidité des concierges, la nourriture insuffisante et malsaine, la paille servant de litière dans d'abjects dortoirs, en un mot : «toutes les hontes léguées par la vieille France à la France nouvelle subsistaient encore».

L'Empire se préoccupa de cet état de choses. Après avoir promulgué le Code pénal et le Code d'instruction criminelle, il créa [2] les maisons centrales.

Ces prisons furent inaugurées en 1810. On y établit des infirmeries ; on y organisa des ateliers, etc. Néanmoins, les détenus eurent encore beaucoup à souffrir du régime intérieur et de l'encombrement.

En 1819, une ordonnance royale [3] institua une société des prisons pour étudier le régime des condamnés.

[1] La gêne, c'était la cellule de jour et de nuit avec solitude absolue et travail individuel. C'est une peine qui ne fut jamais appliquée.

[2] Décret du 16 juin 1808.

[3] Ordonnance du 9 avril 1819.

Cette société cessa ses fonctions en 1829.

Malgré ses fautes — erreurs d'une philanthropie mal entendue — elle contribua à signaler et à détruire plusieurs vices du régime des prisons.

En 1834, l'Académie de Médecine, consultée par le Ministre de l'Intérieur, reconnut qu'en raison de l'organisation inhérente aux maisons centrales, ces maisons dégénéraient en lieux de corruption et de débauche, et indiqua, comme réforme d'ensemble, l'application, dans ces établissements, de l'emprisonnement solitaire nocturne et du travail collectif et silencieux pendant le jour. Cependant, l'Etat n'osa pas se jeter dans une entreprise qui lui paraissait trop coûteuse; il se contenta d'établir quelques prisons cellulaires. La Roquette (enfants) date de 1839; le pénitencier de Tours et la prison de Bordeaux, de 1843 ; Mazas, de 1850.

Ces prisons ne donnèrent pas tous les résultats attendus, et une réaction chaque jour plus vive s'opéra contre le régime cellulaire.

Par une circulaire de 1853, le gouvernement renonça à l'application absolue de ce système et déclara vouloir s'en tenir à celui de la séparation par quartiers.

Les prisonniers furent alors divisés en catégories. La première comprit les condamnés pour crimes; l'autre, les condamnés pour simples délits. A chacune de ces catégories correspondaient deux

nouvelles divisions : d'une part, les récidivistes ;
de l'autre, les individus subissant la peine d'une
première condamnation.

Mais la séparation des prisonniers par catégories
n'a point satisfait aux conditions exigées pour
prévenir et empêcher la contagion du vice.

Une loi promulguée le 16 juin 1875 prescrit le
régime cellulaire de jour et de nuit pour l'inculpé,
le prévenu, l'accusé non encore reconnu coupable,
non encore condamné, ou pour le coupable d'un
délit peu grave, pour le condamné à moins d'un an
de prison. Aux termes de cette loi, les condamnés
à un emprisonnement de plus d'un an et un jour
peuvent, sur leur demande, être soumis au même
régime. Dans ce cas, ils sont maintenus dans les
prisons départementales.

La durée des peines subies sous le régime de
l'emprisonnement individuel est, de plein droit,
réduite d'un quart, lorsqu'elle est supérieure à
trois mois.

En réalité, c'est l'inauguration de l'emprisonnement cellulaire plus ou moins mitigé.

Une difficulté, toutefois, se présente.

Les prisons départementales qui, toutes, doivent
être transformées en prisons cellulaires, dès que
les ressources le permettront, appartiennent aux
départements. Ceux-ci sont tenus de veiller à leur
entretien, mais il n'est aucun moyen pour l'Etat

de les y obliger. Dans ces conditions, beaucoup hésitent devant les dépenses considérables d'une installation nouvelle.

La rétrocession complète à l'Etat des prisons départementales est donc une réforme qui s'impose.

Un certain nombre de départements ont fait de sérieux sacrifices pour appliquer cette loi sans délai. Tels : la Seine, la Seine-et-Oise, le Maine-et-Loire, l'Indre-et-Loire, la Marne, la Côte-d'Or, les Alpes-Maritimes, la Haute-Marne, la Corse, le Doubs, le Cher, la Dordogne, la Loire, les Hautes-Pyrénées, les Deux-Sèvres, la Vendée, la Lozère, les Basses-Pyrénées et le Rhône.

Il est regrettable de ne pas voir figurer sur cette liste le département du Gard. Le Conseil général avait chargé, en 1894, le Préfet de s'enquérir auprès du Ministre de l'Intérieur des conditions dans lesquelles l'Etat accepterait la rétrocession des prisons et quelle serait la quote-part des charges et des dépenses qu'aurait à supporter le département dans l'exécution des réformes préconisées et nécessaires.

Une enquête a été faite, un devis dressé ; mais, les dépenses exigées ayant paru beaucoup trop élevées, le Conseil général, dans la session du mois d'avril 1895, s'est prononcé pour le maintien du *statu quo*.

* *

Appliqué en France aux courtes détentions, le régime individuel a subi à l'étranger une application plus ou moins complète.

Le *solitary confinement*, consistant dans l'encellulement solitaire absolu et sans travail, fut, dès 1786, expérimenté dans le Maryland, la Virginie, etc. L'essai en fut fatal à la plupart des détenus.

C'est le *solitary confinement* qui donna naissance, en 1821, à un système tout opposé, le *système d'Auburn* (état de New-York), comportant l'emprisonnement solitaire de nuit avec travail en commun pendant le jour, sous l'obligation rigoureuse du silence et le régime de l'intimidation.

A la même époque, l'État de Pensylvanie essaya d'une méthode d'emprisonnement connue, depuis, sous le nom de *régime de Philadelphie*, avec isolement de nuit et de jour et le travail.

« Celui qui, à l'expiration de sa peine, sort, dit Demetz, de cette prison, ne trouve dans les autres libérés qu'il ne connait pas, aucun aide pour faire le mal ; et, s'il veut rentrer dans la bonne voie, personne ne l'en détourne [1] ».

[1] Rapport 1837.

A ces deux systèmes, vint s'ajouter un système mixte, combinaison des deux précédents et mis en pratique à *Genève*. Emprisonnement cellulaire pendant la nuit et travail silencieux en commun pendant le jour, telle est la base de ce régime. La sévérité en est graduée d'après le quartier dans lequel les prisonniers sont classés. A leur entrée dans la prison, ils sont enfermés, solitairement, pendant un temps plus ou moins long.

Le système *irlandais* date véritablement de 1864. Il consiste dans un emprisonnement cellulaire de quelques mois ou semaines, bientôt suivi, suivant la conduite du détenu, d'emprisonnements successifs de moins en moins sévères avec des co-détenus ayant avec lui certaines conformités d'âge, d'antécédents, de culpabilité ou de moralité, jusqu'à l'obtention d'une demi-liberté précédant la complète libération.

Mais le défaut capital de ce système est, après avoir isolé les prisonniers, de les mettre ensuite en contact les uns avec les autres et d'annuler ainsi les bons effets de la séparation primitive. De plus, la classification des prisonniers est toujours une source d'erreurs, l'expérience ayant démontré que les condamnés les plus soumis sont, ordinairement, les plus corrompus.

Le système *belge*, recommandé par M. le Dr Voisin, paraît de beaucoup le meilleur.

Ce régime empêche toute promiscuité et toute communication entre les détenus.

« Jamais, dit M. le Dr Voisin [1], un détenu ne sort de sa cellule sans avoir la tête couverte d'un capuchon appelé *cagoule* qui ne présente que deux ouvertures pour les yeux..... Grâce à une habile disposition de l'amphithéâtre qui sert de classe et de chapelle, chaque détenu peut regarder l'instituteur ou le prêtre, et suivre sur le tableau, les explications que donne le premier sans apercevoir ses compagnons et sans être vu..... Le détenu reçoit tous les jours de huit à dix visites et apprend un métier autre que celui qu'il exerçait avant son entrée.

Chaque cellule renferme l'eau, le gaz et les latrines. Le cube d'air de chacune d'elles, est de 3o mètres. Elles peuvent être ventilées de deux côtés à la fois.

Le chauffage se fait par un thermo-siphon qui maintient, en hiver, une température de 12 à 14 degrés.

Les soins de propreté sont rigoureusement observés.

Les prisonniers prennent tous les mois, en été, tous les deux mois, en hiver, un grand bain; ils prennent un bain de pieds, toutes les semaines.

1 *Emprisonnement cellulaire en Belgique.* Mémoire lu à l'Académie de Médecine le 1er mai 1888.

Les prisons ne sont jamais lavées à l'eau, comme en France; elles sont soumises, toutes les trois ou quatre semaines, à des fumigations Guytoniennes. Le sol des cellules et des couloirs est frotté à la main par les détenus; les prisons sont peintes à la chaux, tous les ans au moins. Il y a, par semaine, quatre jours de régime gras et les condamnés peuvent se procurer des vivres à la cantine ».

M. le Dr Voisin affirme que la moyenne des malades y est de 3 à 5 % et celle des décès de 1,61 %; que presque tous les condamnés qui s'y sont suicidés présentaient des antécédents morbides ou un état de maladie ou de dégénérescence au moment de leur entrée; qu'enfin, si quelques détenus y sont devenus aliénés, ce n'est pas à l'emprisonnement cellulaire qu'il faut attribuer leur folie: tous étaient frappés d'hérédité morbide ou atteints à un degré quelconque de désordres mentaux au moment de leur incarcération.

Il affirme aussi, que, pour une période de 3o ans, et à tous les points de vue, l'emprisonnement cellulaire a donné des résultats meilleurs que les prisons communes de Gand, de Vildroche et de Saint-Bernard.

On a reproché au système cellulaire d'exercer une influence fâcheuse et délétère tant sur le moral que sur le physique du détenu.

« Cet isolement, cette absence de toute distraction..., altèrent la santé », dit M. Bérenger[1].

« La solitude absolue est la peine de mort morale, elle aboutit à la folie et au suicide », s'écrie M. Tellières[2].

Et, à l'appui de ces assertions, on a groupé une foule de statistiques semblant les confirmer.

Sans doute, l'emprisonnement continu, rigoureux, trop prolongé, dans une cellule étroite et malsaine, est fort préjudiciable au détenu. Mais, dit M. Rivière[3], « la cellule n'est pas l'isolement, elle n'est que la séparation des détenus entre eux », et il ajoute : « Nous voulons la cellule ouverte, la cellule avec les visites nombreuses, les conférences, les lectures, les leçons... Nous voulons la cellule sans la monotonie, avec la promenade prolongée dans les préaux, avec les travaux variés et régulièrement organisés, avec la nourriture tonique, avec l'air largement renouvelé par une fenêtre à la disposition du détenu ».

S'autorisant de ce qui se passe en Belgique, les partisans du système cellulaire soutiennent que, bien appliqué, l'emprisonnement individuel, même

---

[1] *Du moyen de généraliser le système pénitentiaire.*

[2] Congrès de Berne, 1866.

[3] *Système Irlandais comparé au système cellulaire (Bull. soc. prisons, avril 1885).*

prolongé, n'aggrave pas la situation sanitaire, toujours fâcheuse, du détenu.

La vérité, c'est que, pour apprécier le système cellulaire, il ne faut pas se placer à un point de vue absolu. Il faut distinguer. Tel (l'homme instruit, habitué aux lectures, désireux de fuir la promiscuité) préfèrera l'isolement cellulaire et s'en trouvera bien ; tels autres, c'est le plus grand nombre, ne pouvant se suffire à eux-mêmes, s'étiolent et s'abrutissent s'ils ne sont pas en contact avec des tiers.

Pour compléter cet aperçu historique, il convient de dresser, ici, la liste des maisons centrales, pénitenciers agricoles, prisons cellulaires et établissements d'éducation correctionnelle en pleine activité.

ÉTABLISSEMENTS DITS DE LONGUE PEINE

Dix-sept établissements sont affectés au sexe masculin : 14 maisons centrales et 3 pénitenciers agricoles.

Cinq établissements sont affectés au sexe féminin (maisons centrales).

Maisons centrales de force pour hommes (réclusion). — Beaulieu (Calvados) — Melun (Seine-et-Marne) — Riom (Puy-de-Dôme) — Thouars (Deux-Sèvres).

Maisons centrales de correction pour hommes. — Albertville (Savoie) — Clairvaux (Aube) — Eysses (Haute-Garonne) — Fontevrault (Maine-et-Loire) — Gaillon (Eure) — Landerneau (Finistère) — Loos (Nord) — Nimes (Gard) — Poissy (Seine-et-Oise) — Lambèse (Algérie).

Pénitenciers agricoles. — Chiavari et Castellucio (Corse) — Berrouaghia (Algérie).

Maisons centrales de force et de correction pour femmes. — Clermont (Oise) — Doullens (Somme) — Montpellier (Hérault) — Rennes (Ille-et-Vilaine) — Le Lazaret (Algérie).

Parmi tous ces établissements, celui de Landerneau est le seul qui reçoive, en dépôt, des condamnés relégables, avant leur embarquement.

Saint-Martin-de-Ré [1] (Charente-Inférieure) et l'Harrach (Algérie) — dépôts où sont conduits les forçats ayant pour destination la Nouvelle Calédonie ou la Guyane — servent au même usage.

[1] Les forçats du dépôt d'Avignon sont tous envoyés à Saint-Martin-de-Ré.

Prisons affectées à l'emprisonnement individuel.

Le nombre des prisons affectées à l'emprisonnement individuel est de 26, savoir :

1. La maison d'arrêt et de correction dite de Mazas [1] (Paris).
2. Un quartier de la prison de la Santé [1] (Paris).
3. Une partie du dépôt de la préfecture de police (Paris).
4. La maison d'arrêt et de correction de Sainte-Menehould (Marne).
5. La maison d'arrêt et de justice de Dijon (Côte-d'Or).
6. La maison d'arrêt, de justice et de correction de Tours (Indre-et-Loire).
7. La maison d'arrêt et de correction d'Etampes (Seine-et-Oise).
8. La maison d'arrêt et de justice de Versailles (Seine-et-Oise).
9. La maison d'arrêt, de justice et de correction d'Angers (Maine-et-Loire).
10. La maison d'arrêt et de correction de Corbeil (Seine-et-Oise).
11. La maison d'arrêt et de correction de Pontoise (Seine-et-Oise).
12. La maison d'arrêt, de justice et de correction de Bourges (Cher).
13. La maison d'arrêt, de justice et de correction de Besançon (Doubs).
14. La maison d'arrêt, de justice et de correction de Chaumont (Haute-Marne).
15. La maison d'arrêt, de justice et de correction de Nice (Alpes-Maritimes).
16. La maison d'arrêt, de justice et de correction de Sarlat (Dordogne).
17. La maison d'arrêt, de justice et de correction de Saint-Etienne (Loire).
18. La maison d'arrêt, de justice et de correction de Tarbes (Hautes-Pyrénées).
19. La maison d'arrêt, de justice et de correction de Niort (Deux-Sèvres).
20. Des quartiers de la maison de correction de Nanterre (Seine).
21. La maison d'arrêt et de correction des Sables-d'Olonnes (Vendée).
22. La maison d'arrêt et de correction de Corte (Corse).
23. La maison d'arrêt et de correction de Mende (Lozère).
24. La maison d'arrêt et de correction de Bayonne (Basses-Pyrénées).
25. La maison d'arrêt, de justice et de correction de Foix (Ariège).
26. La maison d'arrêt et de correction de Lyon.

[1] Les deux maisons d'arrêt et de correction de Mazas et de la Santé sont exclusivement réservées au sexe masculin.

ÉTABLISSEMENTS

D'ÉDUCATION CORRECTIONNELLE.

—

Il existe 36 établissements d'éducation correctionnelle affectés :

AUX JEUNES GARÇONS.

Établissements publics. — Aniane (Hérault) — Belle-Isle-en-Mer (Morbihan), (col. pénit.) — Les Douaires (Eure) — Saint-Hilaire (Vienne), (col. pénit.) — Saint-Maurice (Loir-et-Cher), (col. pénit.) — Le Val d'Yèvre (Cher), (col. pénit.) — Dijon (quartier correct.) — Lyon (quart. correct.) — Nantes (quart. correct.) — Rouen (quart. correct.) — Villeneuve-sur Lot (Lot-et-Garonne), (quart. correct.).

Établissements privés. — Autreville (Haute-Marne), (quart. correct.) — Bar-sur-Aube (quart. correct.) — Bologne (Haute-Marne), (quart. correct.) — Breteuil (Seine-et-Oise), (quart. correct.) — Jommelières (Dordogne), (quart. correct.) — La Loge (Cher), (quart. correct.) — Le Luc (Gard), (quart. correct.) — Mettray (Indre-et-Loire) — Saint-Eloi (Haute-Vienne) — Sainte-Foy (Dordogne) — Saint-Ilan (Côtes-du-Nord), (col.

pénit.). — Saint-Joseph (Haute-Saône) — Société de patronage de la Seine — Société de patronage des enfants protestants insoumis (Seine).

M. Zéra (col. pénit.), (Algérie).

AUX JEUNES FILLES.

Établissements publics.—Rouen (quart. correct.) -- Asile de refuge (Rouen) — Cadillac (Gironde).

Établissements privés. — Bavilliers (Haut-Rhin) — Diaconesses (Seine) — Israélites (Seine) — Limoges (Sainte-Valérie), (Haute-Vienne)—Montpellier — Rouen — Sainte-Anne-d'Auray (Morbihan).

·Au 30 décembre 1890, la statistique des services pénitenciaires donnait comme effectif de population dans tous ces établissements, y compris (France et Algérie) les maisons d'arrêt et de justice non affectées à l'emprisonnement individuel :

	Sexe masculin	Sexe féminin
Longues peines..........	12.427	1.499
Courtes peines...........	22.754	3.325
Éducation correctionnelle.	5.286	1.186
Totaux...	40.467	6.009
Totaux généraux...		46.476

Ainsi que l'indiquent les chiffres ci-après, la

population prisonnière était en diminution sur les années précédentes.

Les prisons et établissements pénitentiaires renfermaient à la même date :

En 1889...... 47,468 condamnés.
1886...... 50,844 —
1876...... 58,067 —

La statistique pénitentiaire pour 1892, comparée à celle de 1890, témoigne d'une sensible augmentation dans l'effectif de la population.

Au 31 décembre 1892, l'effectif des condamnés était de 48,664.

Pendant cette même année, il y a eu, dans les prisons et établissements pénitentiaires, 516,671 entrées et 468,007 sorties. Le total des journées de détention a été de 17,081,391 et la moyenne de la population de 46,680.

CHAPITRE II.

La Maison Centrale de Nimes.

La Maison Centrale de Nimes étale ses hautes murailles sur un coteau appelé Crémat, au N. N. O. de la ville.

Ses bâtiments dominent toute la plaine.

Lorsqu'on a gravi la pente raide qui y mène, le regard est attiré par une énorme coquille en pierre, placée au-dessus d'un porche où, depuis plus de deux siècles, le temps caresse de ses doigts jaloux une majestueuse porte en chêne, piquée de gros clous et rouillée sur ses gonds. C'est la porte de l'ancien *fort*.

A l'origine, cette maison fut une citadelle ; ses quatre bastions, sa place d'armes carrée, au centre, et ses fossés subsistent encore. Mais le tout, cela va sans dire, a subi de grandes modifications.

Comme les forts d'Alais et de Saint-Hippolyte, cette citadelle date des guerres de religion. Après la révocation de l'Edit de Nantes, Louis XIV la fit construire afin de tenir la ville en respect et

2

d'assurer l'exécution des mesures barbares prises contre les protestants.

Vauban[1] en dressa le plan, et l'intendant Lamoignon de Bâville, celui à qui l'histoire a donné la plus triste célébrité comme gouverneur du Languedoc, démontra dans une ordonnance la nécessité d'en presser la construction.

L'endroit qu'on choisit était situé hors des murailles de la ville. On y remarquait encore, çà et là, quelques ruines, derniers débris du fort de Rohan[2] construit, en 1622, par les protestants et rasé, en 1629, par ordre de Louis XIII.

Le 9 mai 1687, on commença par en abattre les arbres ; le 11, on creusa les fondations, et, le 15, l'architecte du roi, Jean Popo, sous le cautionnement de Jacques Cubizol, architecte de Nimes, obtint l'adjudication de l'édifice.

[1] Célèbre ingénieur et maréchal de France, 1633-1707.

Si, parmi les spécialités de son art, il a choisi la fortification, c'est qu'il entrait dans ses plans généraux de rechercher et de mettre en usage les « voies les moins ensanglantées », suivant ses propres expressions, et que les forteresses ne doivent avoir d'autre but que de « diminuer la consommation d'hommes ». *Dictionn. Larousse.*

[2] Le duc de Rohan (1579-1638) fut le chef du parti calviniste, sous Louis XIII.

Grand capitaine et habile politique, il fut pendant quelque temps gouverneur des villes de Nimes et d'Uzès. Son corps est inhumé dans la cathédrale de Saint-Pierre à Genève.

Le même jour, on posa la première pierre et on se mit à fouiller le roc calcaire, presque partout à nu, pour l'établissement d'une grande citerne et de deux puits.

Aucun de ces puits n'a atteint une véritable nappe d'eau intarissable ; « tout le monticule est constitué par les *assises compactes du calcaire néocomien moyen*, et il faudrait aller à plus de 80 mètres de profondeur pour traverser le niveau d'eau qui correspond aux *bancs marneux du néocomien inférieur*. Par contre, toute cette épaisse masse de calcaire est certainement excavée dans sa profondeur par un labyrinthe de grottes et couloirs en communication avec la fontaine de Nîmes. On a même la preuve géologique de l'extension de ces cavités souterraines à 6 ou 7 kilomètres dans la direction du Nord-Ouest[1] ».

L'historien de Nîmes, Ménard, raconte que cette citadelle fut bâtie au bout d'un an. « Les entrepreneurs, suivant les ordres qu'ils en avaient, y firent une diligence incroyable. Ils y employèrent des régiments entiers, et tous ceux, femmes et enfants, qui apportaient du moellon aux ouvriers avaient un denier pour chaque pierre[2] ».

[1] Emilien Dumas (*Statistique géologique du Gard*), cité par M. Fabre, inspecteur des forêts, dans son rapport pour l'établissement de paratonnerres.

[2] Ménard ; *Histoire de Nîmes.*

Le premier gouverneur de la ville et du fort fut
Balthazar Rippert d'Alauzier, brigadier d'infan-
terie, natif de Bollène au comté Venaissin. La
préséance lui fut donnée dans les assemblées de
ville.

Au mois de juin 1688, M. d'Arthaud fut nommé
major du fort.

Quand il vint prendre possession de son poste,
le 23 juin, la construction de la citadelle, bien
qu'assez avancée, n'était pas encore finie ; il fut
se loger au *Luxembourg*.

D'Alauzier n'arriva qu'au mois de juillet ; il
avait écrit de Cazals, à la date du 12 juin, pour
annoncer sa visite. Les consuls, en robe et en
chaperon, accompagnés de plusieurs conseillers
politiques, furent lui présenter les devoirs de la
ville et leur assesseur ou orateur, l'avocat Elie
Cheiron, ancien ministre protestant qui venait de
faire abjuration, et qui avait été nommé en vertu
d'une lettre de cachet, lui fit une harangue pour
l'assurer de leur fidélité au roi et aux ordres qu'il
voudrait bien leur donner ; à quoi le Gouverneur
répondit en termes très obligeants[1].

Vers la fin de la même année, comme l'emplacement occupé par la citadelle se trouvait hors de
l'enceinte de la ville, on abattit les portes et les

---

[1] Archives municipales. *Cérémonial des Consuls.*

murs de la *Bouquerie* et des *Prêcheurs*, on construisit de nouvelles murailles avec trois portes, et on joignit ces murailles au fort.

C'est le 25 août 1689, jour de la fête de Saint Louis, que l'évêque de Nimes, Esprit Fléchier, inaugura la chapelle du fort et y célébra la première messe. Les consuls y assistèrent. Messire Bégault, aumônier de l'évêque, y prononça le panégyrique du saint roi.

Cette fête, annoncée par une salve des canons du fort, se termina par un feu de joie allumé à l'*Esplanade*.

Le 27 septembre 1692, les difficultés qui s'étaient élevées à l'occasion de la construction du fort, entre l'intendant de Bâville et certains propriétaires des vignes, olivettes, maisons, jardins, etc., antérieurement situés sur l'emplacement occupé par la citadelle, furent complètement tranchées par Pierre Boudon et Jacques Licutier agrimenseurs. Une expertise fut faite, sur l'ordre de M. de Ferry, ingénieur de sa Majesté ; mais, bien que la Province eût acquitté le prix de la plupart des terrains occupés par la construction ou le glacis du fort, la *Communauté* fut chargée de payer l'indemnité réclamée et dut supporter cette dépense refusée par les États [1].

---

[1] Avant la Révolution, la France était divisée en 33 Pro-

De 1701 à 1704. le fort contribua puissamment à la défense de Nimes, menacée par les Camisards.

A partir de 1704, Ménard ne fait plus mention du fort que pour la part qu'il prend aux réjouissances de la ville.

En 1793, la citadelle servit de prison aux victimes de la Terreur.

Chabaud-Latour (Antoine, Georges, François). le père du général de ce nom, y fut écroué le 14 germinal an II (3 avril 1794), en vertu d'un mandat du comité de surveillance de Nimes, daté de la veille. Il s'en évada dans la nuit du 15 au 16 messidor (3-4 juillet 1794).

Le lendemain, sa femme, née Julie Verdier de Lacoste, qui avait contribué à son évasion, y fut incarcérée sur un ordre de la municipalité ; elle n'en sortit que le 18 thermidor (5 août 1794), le jour même où arriva à Nimes la nouvelle officielle de la chute de Robespierre.

A cette époque, « le gardien de la citadelle se nommait Joseph André ; c'était un fabricant de chaises, père de deux enfants, un besogneux. Lorsque les détenus se permettaient de lui récla-

vinces. Chaque province avait pour chef un gouverneur. On donnait le nom d'États aux assemblées provinciales qui se réunissaient tous les ans pour voter les impôts et s'occuper des affaires locales.

mer les quinze sous par jour à eux accordés pour
leur nourriture (qu'ils pouvaient prendre à la cantine de la prison ou faire venir du dehors), il les
menaçait ou les frappait ; s'ils insistaient, il refu-
sait de laisser entrer leur dîner, sous prétexte
qu'ils n'avaient pas besoin de manger. Mais, cette
canaillerie mise à part, il fermait les yeux sur tout.
Un des détenus servait de valet de chambre à
d'autres et se faisait ainsi de bons émoluments ;
certains étaient admis à la table du gardien, qui
leur permettait le vin à chaque repas, les autorisait à travailler de leur métier et mettait ses enfants
à leur disposition pour faire leurs commissions
en ville » [1].

Le 4 août (7 fructidor an II), Joseph Antoine
Courbis, ancien procureur, maire de Nimes sous
la Terreur, qui avait été arrêté le 19 thermidor, à
la suite d'une séance tenue dans la chapelle de
l'ancien lycée par la société populaire des Sans-
culottes, fut transféré de la prison du palais au
fort, « les mains enchaînées derrière le dos, la
chaîne au cou, serrée avec un cadenas, sans souliers, sans chapeau, mis en spectacle au milieu de
dix mille personnes ayant à leur tête des tambours
battant la farandole » [2].

[1] F. Rouvière ; *Histoire de la Révolution française
dans le Gard*, tom. IV.

[2] Id. ; *Dimanches révolutionnaires*.

24 HISTORIQUE.

Dix mois après, le 16 prairial an III (4 juin 1795), la populace armée pénétra de force dans le fort et y massacra Courbis.

On dit qu'un jeune homme dont le père était monté sur l'échafaud lui porta un coup de sabre à travers le corps[1].

En 1797, le gouvernement, voulant utiliser la citadelle, l'érigea en *maison de correction*[2].

Une partie de cet édifice (le magasin à poudre et un pavillon) resta affectée au département de la guerre. Dans l'autre partie, furent placés tous les individus condamnés, correctionnellement, dans le ressort du Gard, à moins d'une année de détention.

Cette maison de correction servit, en même temps, de prison militaire et d'entrepôt pour les forçats jusqu'au *passage de la chaîne*, ainsi que pour les condamnés à la réclusion jusqu'à leur transfert à la maison centrale de l'Hérault[2].

Les sexes y furent convenablement séparés, dans les dortoirs et les préaux. Les enfants, enfermés sur la demande de leurs parents, étaient tenus à l'écart des autres détenus.

Il n'y eut jamais de prisonniers pour dettes.

Au point de vue de son administration et de sa

[1] Documents officiels publiés par M. le conseiller Fajon, en 1867.

[2] Archives départementales.

police intérieure, l'établissement fut régi par un directeur sous l'autorité immédiate du préfet et sous l'impulsion d'un conseil de surveillance, composé de cinq membres, présidé par le maire.

Deux guichetiers, sous les ordres du directeur, étaient préposés à la garde des condamnés. Ils ne pouvaient exercer sur eux aucune mesure de rigueur. Les guichetiers fournissaient les lits ; ils les donnaient en location. On leur accorda les profits de la cantine en supplément de traitement, mais les objets de consommation furent soumis à un tarif fixé par le directeur et approuvé par le conseil de surveillance.

Les prisonniers étaient autorisés à faire entrer tous les comestibles, le vin et l'eau-de-vie exceptés. Chacun d'eux recevait la ration de pain et la ration de soupe prescrites par le règlement ; ils ne travaillaient pas et jamais aucune association charitable ne s'occupa d'eux. Le Préfet et le Conseil général, seuls, apportèrent quelques adoucissements à leurs peines. Par leurs soins, des vêtements et des souliers étaient donnés aux détenus pauvres.

Le 20 décembre 1810, Napoléon créa un *Dépôt de mendicité* dans les divers locaux de la citadelle, qui étaient restés placés sous l'autorité militaire.

Tout ce que renfermait la salle d'armes fut transporté à Montpellier.

Le nombre des reclus, de 1811 à 1817, fut en moyenne de 200 à 240 par an. Il y avait autant d'hommes que de femmes. Les enfants entraient dans cette proportion pour 1/20 environ. Les valides couchaient deux à deux.

La proportion des malades avec la population du dépôt était de 13/181 ; celle des morts 3/100 (arch. départ.).

L'infirmerie du dépôt était commune à la maison de correction et à toutes les prisons de la ville. Les maladies vénériennes y occupaient le premier rang. Deux médecins et deux chirurgiens y faisaient le service par semestre.

Par arrêté du 18 juillet 1817, la maison de correction fut réunie au dépôt sous le rapport de l'administration et du régime intérieur.

.˙.

Divers motifs (particulièrement, celui du défaut de dotation) amenèrent la suppression du Dépôt (ordonnance du 30 mars 1820).

Cette ordonnance établit, dans les bâtiments de la citadelle et les dépendances qui avaient été affectées au Dépôt, une *maison centrale de déten-*

tion et une *maison de correction* pour le département du Gard.

Les reclus valides du Dépôt de mendicité furent
envoyés dans leur commune et les invalides dans
les hospices.

Quant aux fonds disponibles des allocations
faites par le Dépôt, on les employa, après entier
acquittement des dettes de l'établissement, en
dépenses d'utilité départementale.

Comme système d'administration, on adopta
provisoirement, pour la *maison centrale*, le système suivi par le Dépôt.

Pour répondre aux besoins les plus urgents que
réclamait une transformation pareille, l'Etat ne
recula devant aucune dépense ; il en résulta une
activité incroyable dans les améliorations apportées à l'établissement.

Quand la maison fut en état de recevoir 7 à 800
condamnés, on l'isola par un mur de clôture et un
tour de ronde (1823) qui rendirent très facile la
surveillance à exercer.

L'année suivante, on pratiqua, au Nord, une
large brèche à la colline, et il fut construit, vers
la porte de sortie, sur la *Lampèze*, un grand corps
de bâtiment divisé par un vestibule commun ;
l'ensemble de ce bâtiment constitue encore aujour-
d'hui l'infirmerie, l'école, la chapelle, le temple et
la synagogue.

A la suite de ces constructions et à l'Ouest, on établit une citerne dans laquelle plonge une pompe à balancier. C'est à cette citerne qu'on puise l'eau que boivent les malades.

Entre temps, la grande porte d'entrée, qui était en partie ruinée, fut refaite en pierres de taille, le corps de garde agrandi et, sur les désirs du commandant de *place*, quatre guérites et six réverbères furent placés autour du grand mur d'enceinte.

Plus tard (1828), on continua le mur de ronde sur la Lampèze, au-delà des nouveaux bâtiments, et, dans l'espace compris entre l'infirmerie et ce mur, on ouvrit aux malades un grand préau que la générosité de notre excellent confrère, M. le docteur Miaulet, devait transformer de nos jours en un superbe jardin.

A la même époque, on construisit, dans l'intérieur de la prison, deux aqueducs destinés à évacuer par un collecteur commun, l'un, les eaux sales de la buanderie, l'autre, celles des lavoirs et des cuisines ; malheureusement, ces dernières se mêlaient aux matières fécales.

Sur la protestation du maire de Nîmes, M. Cavalier, et en raison des mauvaises odeurs que répandaient ces eaux déversées par une ouverture pratiquée aux remparts (côté sud de la citadelle), la communication des latrines avec les aqueducs fut fermée ; des fosses d'aisances [1] furent établies, et on construisit un aqueduc allant du pied des remparts jusqu'au grand aqueduc du boulevard du *grand Cours* (1829).

La construction d'un quartier séparé [2] pour les enfants fut entreprise en 1834 ; l'installation de

[1] L'adoption des *tinettes mobiles* comme moyen de vidange est de date récente.

Les tinettes mobiles des préaux ont la forme de tonneaux défoncés. Etablies dans de petits cabanons, en briques, dont les portes, en bois blanc et peintes en vert, atteignent une hauteur d'un mètre environ, ces tinettes sont vidées tous les jours et nettoyées à l'eau de chaux. Une escabelle est placée devant ; le prisonnier y appuie les pieds et s'assied sur une planche massive, percée d'un trou au centre, qui s'élève et s'abaisse à volonté. Une traverse en bois, à 5o centimètres au-dessus du siège, gêne le détenu dans ses mouvements, le tient plié en deux et l'oblige à ne rester dans ces lieux que le temps strictement nécessaire à la fonction qui l'y conduit.

Dans les ateliers et les dortoirs, les cabinets d'aisance sont à double compartiment et fermés par des portes vitrées. Le sol est creusé sur une circonférence de 6o centimètres environ, et un tuyau de chute en fonte sert à l'écoulement des matières fécales. Ces dernières sont reçues, au niveau des préaux et du tour de ronde, dans des tonnes que logent des cabanons hermétiquement fermés.

Le dégagement des gaz de la tinette se fait par le tuyau de chute prolongé jusqu'au toit.

[2] Ce quartier d'éducation correctionnel'e fut supprimé en 1851.

l'usine à gaz remonte à 1861 ; l'établissement de la buanderie, au pied des remparts, date de 1883 ; la création d'un quartier d'amendement pour les coupables fut ordonnée en 1881, celle d'un quartier de relégables en 1886 [1]. Quant à l'adduction des eaux du Rhône [2] dans tout le rez-de-chaussée de la maison, elle n'eut lieu qu'en 1884.

Tel est le résumé rapide des principaux travaux exécutés de 1820 à nos jours.

La garde intérieure fut confiée à un corps de gardiens. Anciens soldats pour la plupart, ces agents ne se montrèrent pas tendres pour les condamnés.

En 1842, on essaya de leur substituer les Frères des Ecoles chrétiennes [3]. Ces derniers paraissaient offrir, au point de vue de la moralisation, des garanties plus grandes.

Sur la demande du baron Jessaint, alors préfet

---

[1] Le quartier d'amendement disparut en 1886 ; celui des relégables en 1888.

[2] Sur les deux canalisations établies, il n'en est qu'une qui fonctionne, la ville ayant refusé de raccorder son réservoir, dit des *hauts quartiers*, avec la canalisation destinée à amener l'eau dans les parties hautes de l'établissement (dortoirs, infirmerie).

[3] Jusqu'en 1789, les Frères des Ecoles chrétiennes avaient été chargés de la surveillance des prisons.

du Gard, les Frères furent d'abord admis à la surveillance du quartier des jeunes détenus. Quelques mois après, ils remplacèrent les gardiens dans toute la maison.

Leur œuvre ne présenta aucun cachet de dignité et de dévouement. Les soins de propreté se relâchèrent ; les Frères méconnurent l'autorité du personnel administratif, et on les vit toujours prêts à appeler des ordres du directeur à leur supérieur hiérarchique.

« Ces célibataires, dit Léon Faucher, pour qui l'ignorance est une partie de la sainteté, qui ne connaissent ni le monde, ni ses misères, ni ses écueils, n'ont aucune des qualités nécessaires au sacerdoce de la réforme ».

On les renvoya bientôt après

S'il faut en croire les on-dit. ils emportèrent ou brûlèrent, en partant, tous les papiers qui les concernaient. En tout cas, les archives de la maison sont absolument muettes sur leur compte.

La garde extérieure fut assurée par des soldats ; le *poste* devait remplir la consigne arrêtée de concert entre le directeur et le commandant de place, sans jamais être employé à autre chose qu'à l'exécution de sa consigne.

Il en est encore ainsi aujourd'hui.

En dehors des tentatives d'évasion, les sentinelles ne doivent jamais faire usage de leurs armes qu'à leur corps défendant.

Les condamnés s'évadent rarement ; la maison est sûre[1].

De 1820 à 1830, à part certaines mutineries sans importance, la tranquillité de la maison ne fut point troublée.

Ce n'est qu'à la suite des événements de Lyon, en 1831, que la population détenue subit le contre-coup du mouvement révolutionnaire général qui venait de naître en Europe. La situation menaça de s'aggraver. Les autorités en conçurent des craintes d'autant plus vives qu'à ce moment la ville de Nimes semblait vouloir porter atteinte aux institutions du pays.

[1] A signaler cependant deux évasions qui, par leur originalité, méritent d'être connues :

Un détenu s'introduisit, pendant une après-midi de l'hiver de 1840, dans un tonneau de vidanges, et n'en sortit qu'après avoir traversé toute la ville. Il fut retrouvé mort de froid, le lendemain, tout nu, dans une meule de paille, sur les bords du Vistre.

En 1873, Rivaro et Bérardo pénétrèrent, certain soir, dans l'aqueduc qui évacue les eaux sales des cuisines. Ils descendirent par la partie verticale de l'aqueduc à l'aide d'une corde retrouvée sur ce point, traversèrent les aque-ducs de la ville et en sortirent à leur débouché dans le lit du Vistre.

Il est regrettable qu'ils n'aient pas été repris ; ils au-raient sûrement fourni des détails piquants sur l'imprévu d'une excursion pareille.

« Dès qu'il y a quelque effervescence dans Nimes, porte une lettre du Préfet du Gard au Ministre de l'Intérieur, les perturbateurs pensent à forcer les portes de la prison et à se procurer le secours de ces 1100 bandits ; les bandits pensent à recouvrer la liberté ».

Dans le même sens, le Maréchal Colbert, commandant la 9e division militaire, écrivait au Ministre de la guerre : « la transformation de cette maison en caserne enlèverait aux ennemis de l'ordre l'espoir d'y trouver des auxiliaires et doublerait la force morale de la garnison par l'avantage de la position ». (Archives départementales).

Ces opinions ne prévalurent pas. On n'a pas eu à le regretter depuis, la maison étant toujours restée étrangère aux désordres de la rue.

En 1823, le nombre des condamnés renfermés dans cet établissement était de 700 On en comptait 1253, en 1835, et, deux ans après, 1400. Ce chiffre a été rarement dépassé.

Depuis 1880, la population oscille entre 1000 et 650.

Le mouvement des entrées a été, pour 1893, de 470, et, celui des sorties, de 381.

C'est dans cette maison que l'ancien représentant du peuple, Armand Barbès, subit une peine de plusieurs années.

*_**

La maison centrale est placée sous l'autorité d'un directeur [1] résidant dans l'établissement et secondé par un inspecteur.

Un économe est chargé du contrôle des marchés et fournitures et de la tenue de la comptabilité.

Un greffier-comptable assume la responsabilité de la caisse, des écritures et de la comptabilité de l'avoir des détenus.

Un commis aux écritures et trois gardiens commis-greffiers assistent ces divers employés.

L'instruction primaire est confiée à un instituteur.

Quant aux services annexes, tels que le service de santé, le service des bâtiments, le service des cultes, ils sont assurés : le premier, par un docteur en médecine et un pharmacien ; le second, par un architecte ; le troisième, par un aumônier, un pasteur et un rabbin.

Il est pourvu au service de surveillance par un gardien-chef et des gardiens de classes et de grades divers.

Le directeur administre, sous l'autorité du Pré-

---

[1] Le directeur et le gardien-chef sont les seuls fonctionnaires ayant leur domicile dans l'établissement.

fet, les établissements composant sa circonscription.

Il est appelé à donner son avis ou à présenter des propositions au Préfet sur les détails du régime et de l'administration des diverses prisons. Il dirige toutes les parties du service ; tous les employés lui sont subordonnés et lui doivent obéissance.

Il est spécialement chargé :

1° D'assurer l'exécution des règlements et instructions ministérielles ;

2° De préparer les budgets ainsi que les marchés et cahiers des charges et les tarifs de prix de main-d'œuvre — de contrôler les opérations de dépenses et de recettes, d'en vérifier le règlement ainsi que la liquidation — de vérifier la comptabilité, espèces et matières ;

3° De contrôler l'exécution des marchés de fournitures ;

4° De surveiller tout ce qui concerne les travaux industriels ;

5° De veiller à l'exacte observation des mesures d'ordre et de police intérieure.

Deux fois par an, au moins, il doit se rendre dans chacune des prisons de sa circonscription pour y vérifier l'état des différents services au point de vue de la situation morale et matérielle, et de l'amendement des détenus. A la suite de chaque tournée, il rend compte au Préfet de ses observations par un rapport qui est ensuite transmis au Ministre de l'Intérieur.

La vérification du directeur doit toujours être constatée par un visa sur les différents registres d'écrou et autres ; il doit consigner ses instructions sur le carnet d'ordres de service [1].

Les gardiens se recrutent principalement parmi les militaires libérés du service. Leur uniforme est en drap bleu, avec vareuse en forme de paletot sac, orné de boutons en métal blanc et d'un passepoil jaune. Leur nombre est de 53.

Leurs fonctions sont très enviées, bien que le service soit pénible, rebutant, dangereux. Tous les jours, hiver comme été, ils sont sur la brèche, de 5 heures du matin à 7 heures du soir. Au moins une fois par semaine, ils font un service de nuit.

Leur traitement est assez modeste. Ils touchent, suivant la classe à laquelle ils appartiennent, 1000, 1100 ou 1200 francs par an, plus une indemnité de logement et de nourriture de 120 francs. (Arrêté du 25 décembre 1869.)

Un supplément de 100 francs par an est alloué aux gardiens de Nimes. ainsi qu'aux premiers gardiens et gardiens ordinaires des maisons centrales de Loos, Melun et Poissy.

[1] Art. 2 du Règlement du 11 novembre 1885.

Dans le but de leur assurer les avantages d'une nourriture saine et dont le prix de revient ne dépasse pas les limites de leurs modestes ressources, il a été créé dans la maison centrale, le 16 juin 1875, une cantine rendue obligatoire pour tous ceux qui ne sont pas mariés. L'ordinaire est confié à un premier gardien et à un subalterne désignés par le directeur. La cuisine est faite par un condamné ; la dépense journalière est de 65 à 75 centimes par jour et par tête. Le vin est autorisé ; sa consommation n'est pas gratuite et ne doit pas dépasser la quantité d'un litre et demi. Les repas sont au nombre de trois. Le matin, avant le lever des détenus : soupe ; entre 10 heures et demie et midi et demi : soupe grasse, bœuf et légumes ; enfin de 5 à 6 heures et demie : viande et légumes.

Il est délivré, tous les jours, à chaque gardien un pain de 750 grammes.

Les effets d'uniforme sont fournis par l'État.

Les gardiens reçoivent les soins gratuits du médecin de l'établissement.

Exception faite des cas prévus par la loi sur les pensions civiles (infirmités contractées dans le service, accidents graves, etc.), ils ne sont admis à faire valoir leurs droits à la retraite que lorsqu'ils ont trente ans de service et 60 ans d'âge.

La retraite est égale à la moitié du traitement.

A moins d'une faveur spéciale ou qu'il ne s'agisse d'un militaire retraité, on ne peut faire partie de l'administration quand on a dépassé la limite d'âge, qui est fixée à 3o ans.

Pour ces hommes, la probité est devenue l'esprit de corps.

Sous peine de révocation immédiate, il leur est défendu d'adresser la parole aux condamnés (si ce n'est pour l'exécution des règlements ou des ordres du directeur) et de répondre à aucune question étrangère au service. Rares sont ceux qui trompent la confiance dont ils jouissent auprès de leurs chefs. Ce sont de braves gens, chez lesquels l'insuffisance d'instruction et d'éducation fait que, parfois, ils se jalousent, s'épient et, au besoin, se dénoncent ; ces petitesses qui déshonorent, disparaîtront par le relèvement du niveau de l'examen d'admission, qui ne comporte actuellement qu'une dictée et quelques interrogations sur les règles les plus élémentaires de la grammaire.

Beaucoup sont d'anciens militaires ; ils acquièrent vite la pratique des roueries familières aux détenus et une connaissance suffisamment étudiée de leur caractère.

Il appartient à une bonne administration de leur rappeler souvent qu'il faut savoir fermer les yeux sur les infractions sans conséquence et que, s'ils sont tenus de se montrer fermes, ils ne doivent jamais cesser d'être justes. Disons aussi qu'il est regrettable que les gardiens ne soient que les geôliers des détenus; ils devraient pouvoir être leurs maîtres d'apprentissage.

La circulaire du 28 mars 1869 insiste sur la nécessité de développer leur instruction primaire.

Depuis 1873, des récompenses (gratifications, avancement exceptionnel, sinon inscription sur la liste des candidats à l'emploi de gardien-chef), sont accordées à ceux chez lesquels il a été constaté de sensibles progrès.

Ce n'est que depuis le 3o août 1893 qu'une école élémentaire des gardiens a été instituée dans chaque maison centrale (hommes). L'enseignement y est essentiellement professionnel. Il comprend : théories et exercices pratiques, signalement anthropométrique.

Les gardiens-élèves y sont admis par le directeur. Les mieux doués peuvent aller ensuite parfaire leur instruction à l'école pénitentiaire supérieure organisée à Paris à la prison de Santé.

L'accès des fonctions administratives et des grades supérieurs leur est donc ouvert.

Au-dessus des gardiens, et, par rang hiérarchique, se trouvent deux premiers gardiens et un gardien-chef. Ce dernier est le plus souvent l'âme de la prison. C'est lui qui s'assure que les règlements sont observés et que tout est en ordre.

Le gardien-chef et les gardiens sont exclusivement préposés à la surveillance et au service intérieur de la prison ; ils n'en peuvent jamais être détournés, sous aucun prétexte et à aucun titre, pour quelque service extérieur que ce soit. (Code des prisons. Art. 35 du règlement du 30 octobre 1841.)

C'est à la gendarmerie seule qu'incombe, dans toute circonstance, le devoir d'accompagner les détenus dont le déplacement a pour but l'interrogatoire dans le cabinet du Juge d'instruction ou la comparution devant le Tribunal.

Au 31 décembre 1894, la maison centrale de Nimes renfermait 748 condamnés.

Ces condamnés se répartissaient de la manière suivante :

Sous le rapport de l'âge.

Plus de 16 et moins de 20 ans...	67
De 20 à 25 ans...	158
De 25 à 30 ans...	178
De 30 à 40 ans...	192
De 40 à 50 ans...	93
De 50 à 60 ans...	39
De 60 à 70 ans...	18
Plus de 70 ans...	3
TOTAL...	748

(Dans la catégorie de 3o à 4o ans, les 9/10 des détenus étaient récidivistes. Dans celle de 6o à 70 ans, on ne comptait que des condamnés pour attentat à la pudeur).

Sous le rapport de la profession.

Propriétaires et rentiers.............	8
Professions libérales................	3
Employés..	35
Commerçants et fabricants...	24
Professions alimentaires.............	2
Ouvriers d'atelier et de fabrique.......	62
Industries du bâtiment et du mobilier..	169
Ouvriers agricoles et journaliers......	3o7
Professions nomades................	37
Militaires et marins................	o
Vagabonds et mendiants	72
Individus à la charge de leur famille..	29
Total................	748

Sous le rapport de l'état-civil.

Célibataires................	438
Veufs......................	117
Divorcés...................	5
Mariés.....................	188
Total.............	748

Sous le rapport de la religion.

Catholiques.................. 716
Protestants.................. 21
Israélites.................. 4
Mahométans.................. 5
Orthodoxes grecs.............. 2
                 Total.............. 748

Sous le rapport de la nationalité.

Français.................. 499
Italiens.................. 163
Espagnols.................. 24
Belges.................. 8
Suisses.................. 10
Allemands.................. 9
Autrichiens.................. 7
Anglais.................. 8
Américains.................. 13
Russes.................. 2
Arabes.................. 5
                 Total.............. 748

Considérée au point de vue des juridictions qui avaient prononcé les peines, la population détenue se répartissait en :

Condamnés par cour d'assises........... 283
Condamnés par tribunaux correctionnels. 465
                                        ————
                    Total................. 748

Voici, d'autre part, un aperçu des peines à cette même époque :

Condamnés à 1 an et 1 jour........ ...   101
      —   à plus de 1 an et 1 jour et
              moins de 2 ans.........   138
      —   à 2 ans......   147
      —   à 3 ans......   168
      —   à 4 ans...   86
      —   à 5 ans............... .   95
      —   à plus de 5 ans jusqu'à 7..   8
      —   à plus de 7 ans et moins de 10   2
      —   à 10 ans................   3
                                        ————
                    Total............ 748

Dans le tableau suivant, sont classés en cinq catégories de crimes ou délits, suivant le degré de perversité présumée de leurs auteurs, les faits qui ont motivé les condamnations.

1re CATÉGORIE	2e CATÉGORIE	3e CATÉGORIE	4e CATÉGORIE	5e CATÉGORIE
Assassinat. Empoisonnement Meurtre connexe à un crime ou délit. Fausse monnaie. Recel. Vol qualifié. Incendie. Pillage. etc.	Abus de confiance. Banqueroute simple ou frauduleuse. Escroquerie. Faux en écritures. Vol simple. Complicité d'attentats à la pudeur. Complicité d'avortement. Complicité d'infanticide. Suppression d'enfants.	Evasion. Mendicité. Rupture de ban. Faux dans les passeports. Ivresse publique. Vagabondage. etc.	Adultère. Attentat à la pudeur Bigamie, viol. Coups et blessures. Outrages aux fonctionnaires et magistrats. Meurtre non connexe à un crime ou délit. etc.	Arrestation illégale. Contravention aux lois fiscales. Homicide par imprudence. Usurpation de fonctions publiques. Port illégal d'insignes et décorations.
281	355	8	15	89

Ensemble : 748.

Sur ces 748 détenus, 194 en étaient à leur première condamnation, 554 étaient pourvus d'antécédents judiciaires.

Parmi ces derniers :

114 avaient été condamnés	2 fois.
98..........................	3 fois.
65..........................	4 fois.
43..........................	5 fois.
37..........................	6 fois.
36..........................	7 fois.
45..........................	8 fois.
29..........................	9 fois.
14..........................	10 fois.
15..........................	12 fois.
15..........................	13 fois.
43..........................	14 fois et plus.

L'un d'entre eux réunissait 72 condamnations.

Une dizaine de ces récidivistes tombaient sous
l'application de la loi sur la relégation.

C'est par un arrêté [1] de M. François Guizot, en
date du 23 octobre 1830, qu'a été créée l'inspec-
tion générale des prisons.

Les inspecteurs généraux [2] relèvent directe-

[1] Cet arrêté nomme M. Ch. Lucas inspecteur général
des prisons.

[2] Les inspecteurs généraux sont choisis, d'une part,

ment du cabinet du Ministre de l'Intérieur ; ils sont chargés de faire des visites fréquentes dans les prisons, de recueillir les plaintes des détenus, de veiller à l'observation des règlements et de consigner, dans des rapports détaillés, tous les faits dignes d'examen qu'ils ont pu remarquer.

Ces rapports sont adressés au cabinet du Ministre, où ils sont, après enregistrement, dépouillés et analysés.

Le Ministre de l'Intérieur a la haute main sur l'Administration pénitentiaire, à la tête de laquelle est placé actuellement, avec le titre de directeur général, un homme particulièrement distingué, l'honorable M. Duflos.

parmi les chefs de bureau du ministère et les directeurs de première classe des établissements nationaux de bienfaisance et des maisons centrales ou établissements assimilés ; d'autre part, parmi les personnes que leurs fonctions antérieures ou leur compétence paraissent spécialement désigner.

Leur nombre est fixé à treize (huit pour la section de l'administration pénitentiaire, cinq pour la section de l'assistance et de l'hygiène publique) et une inspectrice générale. Art. 18 du décret du 17 juin 1891.

CHAPITRE III

La Vie en Prison

« Il est d'observation universelle que la condamnation est suivie d'un moment d'apaisement.
L'accusé souffrait de cette lutte publique, de ces
dénégations contraintes, de ces aveux incomplets,
regrettés, repris, renouvelés » [1].

Le voilà en prison.

Fût-il taré jusqu'aux moëlles, jeune ou vieux
— s'il n'est pas de ces monstres dont le crime
avec ses risques est uniquement la carrière — au
début, tout l'étonne et un sentiment de peur l'en-
vahit. Mais bientôt le naturel reprend le dessus ;
le détenu se démasque.

Les uns acceptent la vie recluse et la discipline
machinale avec insouciance et apathie. Sûrs du
présent et bercés des illusions de l'avenir, ils s'en-
dorment, dit Lauvergne [2], sans remords et sans
peine, sur leurs fers.

[1] Joly ; *Le crime.*
[2] *Les forçats.*

D'autres s'emportent contre cette pesante servitude et se laissent aller à des infractions au règlement.

D'autres enfin compriment, en silence, les accès d'une rage impuissante, ou se livrent à de cuisants regrets.

Il y a de tout dans la prison, du grand et du petit monde ; mais les mendiants et les vagabonds représentent les trois quarts de cette population hétérogène.

La prison est pour ces êtres inférieurs, assoiffés de paresse et sans énergie morale, une sorte d'asile; « elle est le flambeau fascinateur qui attire irrésistiblement ces papillons de la malfaisance,..... Ils y trouvent le vivre et le couvert assurés, nul souci du lendemain, aucune autre préoccupation que d'obéir docilement à la consigne imposée » [1].

Après eux, vient cette classe d'êtres violents, indisciplinables et réfractaires par instinct aux lois du pays. Ces individus, tarés cérébralement, pour la plupart, fils d'alcooliques ou de dégénérés, fournissent les meilleures recrues à l'armée du mal et la prison ne produit guère sur eux l'effet d'intimidation et d'horreur qu'on attend d'elle.

A ceux-là, et comme antithèse, il faut opposer

[1] Emile Gautier ; *Le monde des prisons.*

les vaincus de la lutte pour la vie, les dévoyés qu'un accident a jetés en dehors de la route, victimes à qui la Société devrait tendre une main généreuse et qu'en tout cas elle est intéressée à ne pas avilir en leur donnant pour compagnons d'infortune des hommes complètement dégradés et perdus sans retour.

Dès son arrivée, le condamné est écroué. Il donne ses nom, prénoms et qualités. On prend note de la nature de son crime ou de son délit et de la durée de sa peine. Désormais, il ne doit plus être connu et désigné que par un numéro d'ordre.

Toutes les valeurs dont l'entrant est trouvé nanti, sont saisies jusqu'au dernier sou, déposées au greffe et couchées sur un livret spécial où seront notés les dépenses de cantine, les amendes disciplinaires, les gratifications et les salaires.

Le gardien-chef inscrit ensuite sur une fiche de carton, conformément aux instructions de M. Bertillon, les mesures relevées sur l'ensemble du corps (taille, envergure des bras, buste), sur la tête (longueur et largeur de la tête, longueur et largeur de l'oreille droite [1]) et sur les membres

---

[1] Ces deux dernières opérations sont les seules qui s'effectuent sur le côté droit de l'individu. « Cette exception tient à ce qu'il a semblé préférable de faire porter la mensuration et la description sur l'oreille qu'il est

(longueur du pied gauche, du médius gauche,
longueur de l'auriculaire gauche).

Complété par des renseignements descriptifs
(notation de la couleur de l'œil, de la nuance de
la barbe, des cheveux... etc., etc), et au moyen
des marques particulières (tatouages, envies, cica-
trices), ce signalement revêt une certitude d'iden-
tité. Copie en est envoyée à Paris pour y être
centralisée en un service spécial [1].

d'usage, pour des raisons multiples et techniques, de
reproduire en photographie judiciaire ». A. Bertillon ;
*Identification anthropométrique. Instructions signalé-
tiques.*

[1] Voici les lignes principales de la méthode qui a présidé à la classification de cette masse énorme de signalements. Les hommes sont placés d'un côté, les femmes
de l'autre ; puis, viennent les mineurs âgés de moins de
21 ans.

Les signalements sont d'abord répartis d'après la longueur de la tête dans les trois embranchements primor-
diaux suivants :

 1° Division des petites longueurs de tête.

 2° — moyennes —

 3° — grandes —

Chacune de ces trois grandes masses de signalements
est ensuite partagée en trois groupes basés sur la largeur
de la tête. Ces nouvelles subdivisions, au nombre de 9,
sont partagées, chacune, en trois groupes, suivant la
longueur du doigt médius ; ce qui donne un total de 27
subdivisions. La longueur du pied fournit une quatrième

Toutes ces formalités remplies, le *barbero* entre en scène. Pendant sa besogne, qu'il achève à grands coups de ciseaux et de rasoir, ce dernier

indication qui subdivise encore chacun des groupes obtenus précédemment en trois subdivisions nouvelles. Puis, interviennent trois subdivisions basées sur la longueur de la coudée. Les variations de taille divisent chacun de ces derniers paquets en trois. Les signalements qu'ils contiennent sont finalement répartis en classes, au moyen des variations du doigt auriculaire, et au moyen de la couleur de l'œil. Ce dernier groupe est ordonné lui-même selon les valeurs croissantes de la longueur de l'oreille. (Bertillon).

«Supposons, maintenant, que nous ayons à vérifier dans la collection si un individu qui vient d'être arrêté et qui se dit sans antécédents judiciaires, n'y a pas été classé précédemment sous un autre nom. Il va de soi qu'il faudra, après en avoir pris un signalement anthropométrique, se diriger vers la division de la longueur de tête correspondant à celle de l'individu examiné, s'arrêter à la subdivision de la largeur de tête pour chercher ensuite la sous-subdivision de son médius, puis celle de son pied et celle de sa coudée. On arrivera ainsi d'élimination en élimination au paquet final qui devra contenir le renseignement recherché, si, bien entendu, la personne arrêtée a déjà été condamnée et mesurée antérieurement.

Quand une ou plusieurs des mesures relevées à nouveau sur l'individu tombent sur les *limites* des divisions de la classification, l'enquête doit être poursuivie dans les divers embranchements absolument comme dans un dictionnaire on recherche à différents endroits le mot dont on ignore l'orthographe exacte». *Instructions signalétiques.* — Bertillon.

entretient, à voix basse, le nouveau venu de la police de la prison. Ici, comme ailleurs, *figaro* donne des conseils, provoque des confidences ; il ne peut, question d'amour-propre, être le dernier instruit des grandes histoires des arrivants.

La propreté devant être sévèrement maintenue, le prisonnier est passé à la douche. Cette ablution est réglementairement renouvelée tous les mois, et des bains sont accordés aux condamnés aussi souvent que l'exigent la salubrité générale et l'hygiène individuelle.

Bien que Saint Antoine, le patriarche du Monachisme, soit parvenu à l'extrême vieillesse sans jamais avoir connu le péché de se laver les pieds, il est d'observation vulgaire que « ces ablutions nettoient autant les souillures de la pensée que celles du corps » ; en tout cas, en enlevant le vernis sébacé de l'épiderme et en permettant aux vaisseaux qui sont au-dessous de respirer librement, elles déterminent toujours une sensation de bien-être que, seuls, les gens sales ne savent pas apprécier.

Autrefois, n'avait droit à la douche [1] ou au bain

---

[1] Cette opération consistait à faire tomber, d'une certaine hauteur, sur le corps du condamné, une colonne d'eau chaude, contenue dans des récipients mobiles — arrosoirs à pomme et à goulot. Cela se passait encore ainsi en 1875.

que le détenu atteint d'une affection cutanée, couvert de poux ou de morpions.

Une restriction pareille fit, dit-on, de ces derniers parasites l'objet d'un trafic véritable ; source de profits inespérés, le morpion avait alors dans les préoccupations du condamné une place prépondérante ; il était accueilli avec joie et traité avec sollicitude.

Aujourd'hui, quand cet insecte se montre, chacun de lui crier :

« Tremble, ton jour approche, et ton règne est passé ».

Après la grande toilette du corps, le condamné revêt l'uniforme de la prison : une chemise et un caleçon en toile, un pantalon, un gilet, une veste ronde et un béret en laine beige ; des chaussons de même étoffe, des sabots, une cravate et un mouchoir complètent son équipement.

Les tissus de ces vêtements sont faciles à nettoyer ; malheureusement, ils ne sont pas chauds, et les détenus grelotteraient, pendant les froids rigoureux, si l'administration ne les autorisait à se procurer, à leurs frais, ou par l'entremise de leurs parents ou de leur tuteur, des vêtements supplémentaires (flanelle, ceinture de flanelle, chaussettes, etc.). Il est même à souhaiter que, dans notre climat à température si variable, l'usage de la flanelle devienne réglementaire.

C'est dans les maisons centrales de Clairvaux et de Fontevrault que se fabriquent les objets de vestiaire, de lingerie et de literie.

Dans les établissements où fonctionne le système de l'entreprise, cette fourniture est à la charge des entrepreneurs — ceux-ci se la procurent dans l'industrie libre.

Les effets que porte le nouveau venu et qu'il laisse au vestiaire sont désinfectés, étiquetés et soignés pour être rendus à la sortie. Ce n'est pas sans émotion qu'on parcourt le local spécial dans lequel s'étalent. le plus souvent, des hardes sans nom. « Les souliers éculés, percés, rapiécés, béants, les chapeaux bossués, rongés, déformés, sans coiffe, parfois sans fond, racontent mieux que tout récit le dénûment presque absolu des pauvres diables qu'une mauvaise pensée a poussés vers le vol et sur qui la justice vient d'appesantir sa main »[1].

Conduit devant le médecin de l'établissement, l'entrant est examiné de la tête aux pieds, vacciné[2] et renvoyé à l'administration avec un bulle-

---

[1] Maxime du Camp — Paris.

[2] Du 1er janvier 1888 au 21 mai 1895, il a été vacciné 3916 prisonniers : 1910 avec succès, 2006 sans succès ; soit une proportion de 49,05 succès pour 100 individus.

Sur les 2006 condamnés vaccinés avec succès, 930 ont été vaccinés à nouveau : 327 avec succès et 603 sans

lin de visite qui constate l'état de sa constitution et de sa santé. Après quoi, il est réuni à la population

L'inspecteur lui désigne tel ou tel atelier suivant ses habitudes antérieures, son intelligence, sa force physique ou la durée de sa détention.

Si le condamné s'abstient de réclamer au sujet du travail qu'on lui assigne, son classement est considéré comme définitif; dans le cas contraire, il est assujetti à une nouvelle visite médicale. Le docteur fait connaître son avis, et l'administration décide.

S'il a plus de 70 ans, s'il est infirme, ou si une décrépitude prématurée le fait considérer comme tel, il est dirigé sur une section spéciale — section des vieillards — où il est soumis au régime commun, moins la règle du silence et l'obligation du travail.

succès; soit une proportion de 35,16 succès pour 100 individus.

Pour une bonne moitié de ces 3,16 détenus, la vaccination avait déjà été pratiquée ailleurs et avait laissé des traces.

En somme, les résultats fournis par la vaccination, dans la maison centrale de Nîmes, donnent une proportion de 57,12 succès pour 100 individus.

***

La journée du détenu est des plus monotones. A 6 heures, en hiver ; à 5 heures, en été, le clairon sonne le réveil.

Après avoir roulé ses couvertures au pied du lit, le prisonnier descend à l'atelier.

C'est à l'atelier qu'ont lieu les petites ablutions quotidiennes.

Inutile de dire que la plupart des condamnés sont d'une malpropreté écœurante et qu'ils ont une tendance très prononcée à s'y maintenir.

Le déjeuner a lieu à 9 heures ; de 9 h. 1/2 à 10, il y a promenade dans les préaux. Déjeuner et promenade sont précédés d'un cours d'enseignement primaire, d'une heure au moins. Puis, le prisonnier retourne à l'atelier jusqu'à 4 heures, avec un quart d'heure de repos à midi. De 4 à 5, il dîne ou se promène ; ensuite, il se remet au travail.

Conduit au dortoir à 7 h. 1/2, il fait son lit et se couche. C'est le *bouclage*, pour parler le langage des prisons.

Au lever et au coucher, les détenus répondent à l'appel nominal.

Les dortoirs sont larges, point humides, mais à fenêtres étroites et trop espacées. La ventilation s'y fait mal.

La couchette se compose d'un lit de fer ayant un fond fixe en feuillard, d'un matelas, d'un traversin, de deux draps et d'une couverture de laine pendant l'été, de deux pendant l'hiver.

Le seul reproche qu'on puisse formuler porte sur l'état des couvertures ; généralement trop usées, elles sont peu chaudes.

Au moins une fois par semaine, les matelas sont exposés au soleil, aérés, battus, et, une fois par an, recardés.

Les couvertures de laine sont blanchies deux fois par an ; les draps de lit, tous les mois ; les cravates, les chaussons, les caleçons, tous les quinze jours ; les chemises, les mouchoirs, les essuie-mains, toutes les semaines ; les autres effets d'habillement, chaque fois qu'on le juge nécessaire.

Tout, y compris les latrines, est proprement tenu.

Quant aux ordures, elles sont balayées et enlevées par des prisonniers chargés de certains services de domesticité dans l'intérieur de la prison.

C'est à des prévôts qu'est confiée la surveillance des dortoirs [1] ; ils reçoivent de ce fait une indem-

---

[1] Les gardiens couchent loin des détenus, dans des

nité de 1 fr. 50 cent. par mois, et il leur est fourni des galons et une paire de chaussons en droguet avec semelle en cuir, plus une capote d'infirmerie pour le service de nuit pendant la saison froide.

Le dimanche, le détenu ne travaille pas ; il va à l'église, à la synagogue ou au temple, et reste la plus grande partie de la journée au grand air. Détail à noter, l'odorat découvre partout où les condamnés passent une émanation animale et nauséeuse.

Immédiatement après les vêpres, la fanfare de la détention se place sur le terre-plein qui mène à l'infirmerie et qui sépare les préaux. Pendant une heure, elle fait entendre les meilleurs morceaux de son répertoire. La musique, dit-on, développe la sympathie et la sociabilité : un concert n'est-il pas une société idéale où l'accord et l'harmonie sont réalisés ?

Dans le même temps, un certain nombre de détenus, appelés *pompiers*, s'exercent à la manœuvre de la pompe d'incendie.

C'est au commandement et à la file indienne, ironiquement appelée *queue de cervelas*, que le condamné se promène. Malheureusement, les préaux sont si enfoncés, à murs si élevés que, l'hi-

chambres communes, et ne pénètrent dans les dortoirs que pour les rondes de nuit.

ver, on y cherche vainement le soleil et que, l'été,
on y étouffe.

L'odeur qui se dégage des réfectoires, agré-
mentée de celle qu'exhalent les tinettes d'aisances
placées au ras du sol, ne fait qu'augmenter l'insalubrité du lieu.

Quelques arbres rabougris, plantés çà et là, s'y
étiolent.

Voilà le champ d'aération des condamnés. Eh
bien ! chose triste à dire, les jours de pluie, les
détenus n'ont pas même cette maigre ressource ;
le plein air leur est défendu. Il sont conduits dans
les réfectoires.

Malgré toute sa bonne volonté, on doit le reconnaître, il est impossible à l'administration de leur
fournir un autre lieu de promenade que ces larges fossés sans abri où s'encadre un morceau de
ciel — étroite bande d'azur sur laquelle, silencieux,
le prisonnier aime à porter ses regards, suivant
d'un œil d'envie l'oiseau qui vole ou le nuage qui
passe.

Le silence est toujours une règle absolue dans
la prison ; il dispose, dit-on, les condamnés à la
méditation, à la réflexion ; il les invite à écouter la
voix de leur conscience, à sentir le remords. Mais
pour qui sait combien les nouvelles, grandes ou
petites, se propagent vite dans l'intérieur de la
prison, cette prescription est totalement illusoire.

Le silence imposé pour prévenir la contagion est une « fiction substituée à la réalité », a dit d'Ortel, car il n'y a « pas de menaces, de craintes, de mesures de surveillance qui puissent empêcher des hommes journellement enfermés ensemble, travaillant côte à côte, au même ouvrage, de se communiquer, de s'entendre, d'échanger un mot à voix basse, un signe, un geste, un regard »[1].

En outre, par l'entrave qu'elle apporte dans l'exercice de la parole, cette obligation nuit au libre jeu de l'acte respiratoire ; elle contribue à rendre le détenu de moins en moins sociable, fourbe et méfiant.

Cruelle aussi est la défense de fumer aux heures des récréations.

L'étourdissement passager et la jouissance, si factice qu'elle soit, que l'on trouve dans le tabac après un labeur monotone, constituent-ils un danger pour la répression ?

Ne sait-on pas, du reste, qu'on n'a jamais pu faire observer cette prohibition et qu'elle est la cause d'un trafic honteux ?

Qui veut du tabac en a ; seuls, les imbéciles et les maladroits s'en passent.

Une fois par mois et s'il n'est pas puni, plus

---

[1] Ch. Herpin; *Études sur la réforme et les systèmes pénitentiaires.*

souvent même s'il le demande, le détenu peut écrire à ses parents ou à son tuteur.

La correspondance se fait le dimanche ; elle est lue, tant au départ qu'à l'arrivée, par l'administration qui « bâtonne ou retient au besoin toute lettre inconvenante, frivole ou traitant des questions étrangères aux affaires de famille ou d'intérêt privé [1] ».

Il n'en est pas de même de celles qu'il peut avoir à adresser aux ministres, aux autorités administratives ou judiciaires. Il suffit que ces lettres cachetées, mais sans enveloppe, indiquent le numéro d'écrou de leur auteur, pour que l'administration les laisse passer sans examen.

Le parloir a la forme d'une cage à deux compartiments séparés par un couloir et un treillage en fer Les visites ont lieu le dimanche et le jeudi, sous l'œil vigilant d'un gardien.

Parfois, et à titre de faveur, le détenu reçoit une poignée de main ou même des accolades.

Sauf autorisation écrite de M. le Ministre de l'Intérieur, les parents ou tuteurs, seuls sont admis au parloir.

L'administration s'oppose à toute remise clandestine d'argent ; néanmoins, quand une lettre en apporte, cet argent, d'où qu'il vienne, est inscrit à

[1] Loi du 27 mai 1885.

la masse du condamné et va grossir dans une certaine mesure le pécule disponible.

Qu'il soit maintenant démontré que père ou mère, frères ou sœurs d'un prisonnier sont dans l'indigence, l'administration consent toujours à laisser prélever sur la masse, si le détenu en fait la demande, de quoi subvenir à leurs pressants besoins.

Tout prisonnier peut obtenir un emploi d'écrivain, de contre-maître, de moniteur, de prévôt, d'infirmier, c'est-à-dire devenir un des heureux de la prison. A quelques exceptions près, ce sont les plus mauvais sujets qui occupent ces postes. Ils sont en général plus adroits, plus intelligents, plus souples, plus hypocrites que les autres, et ils aperçoivent, mieux et plus vite, tous les avantages qu'ils peuvent retirer de leur docilité.

Vingt-quatre heures avant l'expiration de la peine, le détenu est isolé du reste de la population et mis en cellule. Il n'en sort que pour approuver son compte. Puis, s'il est originaire de Nîmes, ou si sa famille y habite, il est rendu à la liberté à la porte même de la prison. Différemment, des agents de la police municipale le conduisent à la gare et le dirigent sur telle ou telle localité de son choix, pour y toucher le montant de son pécule. Dès lors, il est absolument libre de se rendre où bon lui semble.

Tout autre est le cas du libéré qui appartient à la catégorie des récidivistes. Le récidiviste ne peut, et cela pendant la durée du temps déterminé par le tribunal, paraître dans la circonscription communale et les annexes de la maison centrale où il a été détenu, ainsi que dans certaines localités dont l'interdiction lui est signifiée par le Gouvernement avant la libération. Faute par lui de se conformer à cette interdiction, l'article 45 du Code pénal permet de le punir de cinq ans de prison.

Le même article punit aussi tout individu condamné pour attentat à la pudeur, meurtre, incendie ou menaces de mort, s'il reparaît avant le temps fixé par la loi, dans la commune, l'arrondissement, le ou les départements où sa présence est pour la population une cause de danger ou d'effroi.

Les étrangers frappés d'une mesure d'expulsion sont conduits à la maison d'arrêt et, de là, à la frontière. Ils sont remis entre les mains des gendarmes de leur pays qui les relâchent si la justice n'a rien à démêler avec eux. Les étrangers déserteurs, seuls, font exception à cette règle. Jamais on ne les livre à la puissance à laquelle ils appartiennent par leur nationalité. Ils désignent eux-mêmes la frontière sur laquelle ils désirent être dirigés.

LA LIBÉRATION.

64

Le détenu qui se fait remarquer par sa bonne
conduite et son travail, peut être admis à bénéfi-
cier d'une réduction de peine ; il peut aussi être
rendu libre par anticipation, libre irrévocable-
ment.

TABLEAU

des Grâces — Réductions de peine — Libérations conditionnelles
du 1er janvier 1885 au 31 décembre 1891.

DÉSIGNATION	1885	1886	1887	1888	1889	1890	1891	1892	1893	1894
Grâces....................	49	36	38	49	19	15	12	5	20	20
Réductions de peine.....	95	83	75	56	46	27	29	17	21	2
Libérations conditionnelles	»	3	6	28	51	15	60	32	58	77

Dans la répartition de ces différentes faveurs,
l'administration tient compte, avant tout, de la
faute commise et des causes qui l'ont occasionnée ; elle s'assure en outre que le coupable a des
moyens d'existence assurés, une famille, un asile

pour le recevoir, et ne se décide enfin à intervenir en sa faveur qu'après avoir étudié à fond l'effet produit par le châtiment sur son attitude extérieure et au plus intime de son être.

La période la plus dangereuse pour un condamné est celle de la rentrée dans la vie libre. C'est à ce moment que les vices, les fréquentations mauvaises qui l'ont perdu vont le ressaisir.

De là, l'institution des Sociétés de patronage.

Le but de ces Sociétés est de suivre les libérés, au point de vue matériel et moral, et, notamment, les individus que la loi émancipe conditionnellement, après qu'ils ont subi la moitié de leur peine.

Celle de Nimes a été autorisée par arrêté préfectoral, en date du 16 février 1882. Tout ou partie du pécule des libérés devait être versé dans la caisse du trésorier de l'œuvre. Malheureusement, cette prescription éloigna du patronage beaucoup d'individus qui comptaient bien plutôt recevoir de l'argent ou des secours en nature que de fournir eux-mêmes une somme quelconque. Cette Société n'a rendu que peu de services et le silence qui se fait autour d'elle permet de croire qu'elle ne fonctionne plus.

En 1888, une Société centrale ayant pour but le patronage des libérés s'est fondée à Paris et à Versailles, et fait tout son possible pour se mettre en relations suivies avec les Sociétés de patronage déjà existantes. Son intention est de les relier, de centraliser leurs efforts et de se faire considérer comme un lien naturel entre elles et l'Administration pénitentiaire.

Parmi les questions sociales à l'ordre du jour, celle qui a trait à l'avenir des libérés ne s'impose-t-elle pas ?

La justice et l'humanité doivent se tendre la main et s'unir pour ramener au bien ceux qui n'ont pas tout à fait abjuré les sentiments de l'honnêteté, car la vie humaine est, suivant la belle expression de M. Joly, « un effort perpétuel d'adaptation réciproque ».

CHAPITRE IV.

Le régime alimentaire.

Avant la Révolution, l'administration des prisons, leur police, leur régime, étaient confiés à l'intendant de la Province, au grand Prévôt [1] et à divers agents de l'ordre administratif. En réalité, les geôliers [2] y faisaient la loi, et leurs agissements tyranniques amenèrent plus d'une fois l'intervention du Parlement [3].

[1] Juge civil ou politique.

[2] Le geôlier, tout à la fois gardien, gargotier et loueur de chambres en garni, soumettait à toutes sortes de vexations le détenu qui n'avait pas de quoi acheter ses coûteuses complaisances ou qui montrait trop de sobriété. Guillot; *Les prisons de Paris.*

[3] A l'origine, assemblée des grands du royaume pour délibérer des affaires importantes (lois, règlements, etc.). Plus tard, cour souveraine de justice.

Le Parlement cessa d'être un corps politique en 1301, lors de l'admission des Communes aux Etats-Généraux. Il ne garda plus que ses fonctions judiciaires.

Les Parlements furent supprimés par deux décrets de l'Assemblée constituante, du 24 mars et du 7 septembre 1890.

Imagine-t-on qu'alors l'Etat ne se croyait point obligé de nourrir les prisonniers et que ceux qui étaient placés sous la main de la justice devaient subvenir à leurs propres besoins ! On comptait sur la charité publique pour pourvoir à l'entretien des détenus.

La loi du 22 juillet 1789 décréta que la maison de détention fournirait le pain, l'eau et le coucher aux condamnés correctionnels. Celle du 6 octobre de la même année réduisit les obligations de l'Etat à la seule remise du pain et de l'eau. Un arrêté du 23 nivôse accorda à tous les prisonniers, indistinctement, une ration de pain de 750 gram. et un litre de soupe maigre. Néanmoins, dans un grand nombre de prisons, on continua à ne distribuer que la ration de pain.

Les réformes importantes introduites, en 1810, lors de la création des maisons centrales, dans le régime des condamnés, rendirent obligatoire l'observation des règlements. Les prisons furent alors soumises à un contrôle.

Désormais, on distribua, tous les jours, les rations de soupe et de pain ; le détenu put même se procurer, à ses frais, des aliments supplémentaires de toutes sortes.

Malheureusement, des dangers sérieux pour la discipline ne tardèrent pas à surgir de la facilité avec laquelle le condamné dépensait son argent, qu'il le gagnât en prison ou qu'il lui vînt du dehors.

L'ordonnance du 10 mai 1839 mit fin à ce qu'on appela depuis, avec raison, les *débauches de la cantine*. L'usage du tabac, du vin, de la bière, du cidre et de toute liqueur fermentée fut interdit, et les aliments supplémentaires furent réduits à du pain de ration, des pommes de terre cuites à l'eau, du beurre et du fromage.

Cette mesure — qui s'appuyait, principalement, sur la nécessité de ne point affaiblir, par des tolérances imprudentes, les effets répressifs et moraux qu'avait pour but de produire la captivité — diminua le mal sous certains rapports, mais l'aggrava au point de vue sanitaire.

En 1843, l'établissement des catégories pénales et la réduction de la portion de salaire afférente aux condamnés sur leur pécule, ne fit que compliquer la situation.

Un surcroît de mortalité s'en suivit et détermina l'ordonnance du 5 juin 1844, accordant aux directeurs le droit de faire distribuer, gratuitement, du pain à ceux dont la ration serait jugée insuffisante, et autorisant la prescription — deux fois par semaine — d'un régime gras.

C'est un devoir d'humanité, disait une circulaire du 17 février 1844, de diminuer dans la mesure du possible les effets plus ou moins débilitants de la captivité pénale, afin que les condamnés, à l'expiration de leur peine, n'aient pas cessé d'être en état de gagner leur vie par le travail.

Indépendamment du pain de soupe représenté par 140 gram. les jours de maigre, et 75 gram. les dimanches, jeudis et jours de fêtes, il est fourni, actuellement, à chaque homme une ration de pain de 700 gram.

Ce pain — la *boule de son*, comme on dit dans les prisons — est composé de deux tiers de farine de froment blutée et d'un tiers de farine d'orge blutée.

Le dimanche et le jeudi, ainsi que les jours de fêtes, il est fait un service gras.

Le service gras comprend :

Les *dimanches* et *jours de fêtes* : le matin, une soupe contenant 5 décilitres de bouillon provenant de la cuisson de la viande destinée au repas du soir, 40 gram. de légumes frais, 7 gram. de sel et 13 centigr. de poivre ; le soir, une portion d'au moins 75 gram. de viande cuite et désossée et une pitance d'au moins 3 décilitres de pommes de terre ou de riz.

Le *jeudi* : le matin, une soupe contenant 5 décilitres de bouillon ; le soir, une portion d'au moins 60 gram. de viande cuite et désossée et d'une pitance d'au moins 3 décilitres de riz.

Les *autres jours de la semaine*, le détenu reçoit:
le matin, une soupe contenant 4 décilitres de
bouillon maigre, 40 gram. de légumes frais,
5 gram de légumes secs en purée, 25 gram. de
pommes de terre, 7 gram. de sel, 10 centigr. de
poivre, 7^{gr},50 de beurre ou de graisse ; le soir,
une soupe semblable et une pitance — d'au moins
3 décilitres de pommes de terre, les mardis et
vendredis — et de pois, lentilles ou haricots, alternativement, les lundis, mercredis et samedis.

C'est à table et assis dans des réfectoires que
les prisonniers prennent leur nourriture. Chacun
trouve à une place désignée sa soupe dans une
gamelle ; la pitance est placée dans une assiette
en fer battu.

Tout détenu qui possède un petit pécule peut
ajouter à ce régime pour 10, 20, 30, 40 centimes
de vivres supplémentaires.

Par suite d'une faveur spéciale, les comptables,
les contre-maîtres et les premiers ouvriers sont
autorisés, suivant le nombre de galons (1, 2 ou 3),
à une dépense de 50, 60 ou 70 centimes.

Les vivres supplémentaires sont fournis par
l'économat et distribués d'après des feuilles de
cantine établies par les comptables.

L'excellente mesure de délivrer, tous les jours,
et cela gratis, pendant un mois, aux nouveaux

venus privés de ressources personnelles, une ration supplémentaire de pain égale à 200 gram., s'applique aussi aux travailleurs qui n'ont pas de pécule disponible. Pour obtenir cette ration supplémentaire, il suffit d'en faire la demande à l'administration, le médecin ne refusant jamais un avis favorable.

*
* *

On a beaucoup discuté sur la quantité d'aliments que doit comporter le régime des détenus.

Le condamné, par le seul fait qu'il est en prison, disent les uns, doit recevoir une alimentation saine et abondante.

Pour que la faute s'expie, il faut, suivant d'autres, que le corps des prisonniers souffre.

Sans vouloir faire de la prison une hôtellerie, ni de la captivité pénitentiaire un élément destructeur, la plupart de ceux qui se sont occupés de cette question pensent que, s'il est imprudent de fournir au prisonnier au delà du strict nécessaire, ce n'est pas non plus en l'irritant par la faim qu'on peut espérer le corriger. « Le régime ne doit pas occasionner la souffrance ni procurer de superflu [1] ».

[1] Stevens ; *Prisons cellulaires en Belgique.*

Quelle est donc la quantité d'aliments nécessaires à l'entretien de la chaleur et de la vie dans nos tissus ?

Pour résoudre cette question, on a pris comme base les pertes journalières subies par l'homme dans l'état de santé.

Il résulte des expériences de M. Payen que, chez un adulte sain — du poids de 74 kilogr. — adonné au travail musculaire, la quantité d'azote éliminée du corps dans les vingt-quatre heures, soit par les exhalations pulmonaire et cutanée, soit par les fluides excrémentitiels, est égale à 20 gram., et celle du carbone (transpiration pulmonaire et cutanée, déjections liquides et solides) à 310 gram.

Les sels sont représentés par une perte quotidienne de 30 gram. ; les sueurs, la transpiration pulmonaire, les urines et les matières fécales éliminent une quantité d'eau égale à 3 litres environ.

Il va sans dire que bien des facteurs — l'âge, le sexe, le tempérament, la constitution, la taille, les habitudes, la profession, la saison, le climat, les fatigues ainsi que la durée du travail — interviennent pour modifier ces quantités d'azote, de carbone et d'eau. Aussi est-il impossible de codifier l'alimentation et de donner une formule alimentaire absolue et invariable.

On peut toutefois dégager des faits acquis une

formule type s'appliquant, d'une part, au travailleur (*ration de travail*) et, d'autre part, à l'homme au repos (*ration d'entretien*). ·

Les recherches de M. Hervé-Mangon sur la *ration moyenne de l'habitant des campagnes en France* ont établi que cette ration moyenne pour un adulte qui travaille est par jour et par kilogramme :

	Carbone	Azote
Pour la France entière..	5^{gr},179	0^{gr},280
Pour Paris............	5^{gr},675	0^{gr},320
Pour la campagne.....	5^{gr},808	0^{gr},275

Un adulte au repos doit recevoir dans les aliments destinés simplement à conserver constant le poids de son corps :

	Carbone	Azote
Pour Payen	265 gram.	12^{gr},6
Pour de Gasparin...	267 —	12^{gr},5
Pour Gautier..	230 —	11 gr.

Le régime alimentaire des prisonniers, tel qu'il est prescrit par les règlements, répond-il aux exigences de la ration d'entretien ?

Suivant M. le docteur Hurel, ce régime contenait, en 1872, à la maison centrale de Gaillon :

Azote............ $13^{gr},89$
Carbone .... 318 gram.

D'après M. le professeur Merry Delabost, la moyenne d'azote et de carbone consommés, en 1885, à la prison de Rouen, était représentée par:

Azote............ $14^{gr},22$
Carbone .... 313 à 314 gram.

La maison centrale de Nimes fournit à ses pensionnaires :

Azote............ $13^{gr},71$
Carbone .... $314^{gr},88$

Ces quantités d'azote et de carbone ont été calculées d'après les indications chimiques que voici :

QUANTITÉS D'AZOTE ET DE CARBONE

contenues dans 100 parties des substances examinées
(d'après M. PAYEN ou M. GAUTIER).

DÉSIGNATION DES ALIMENTS	AZOTE	CARBONE
	gr.	gr
Viande (bœuf).............	3.00	11
Œuf (de poule)............	2.60	13 50
Morue salée...............	5.02	16
Hareng salé...............	3.11	23
Roquefort.................	4.21	58
Gruyère...................	5.00	38
Brie......................	2.93	35
Pain de munition.	1.20	30
Fèves....	4.50	42
Haricots..................	3.92	43
Lentilles....	3.87	43
Pois......................	3.66	44
Lait de vache.............	0.554	8
Lait de chèvre...........	0.69	8.60
Lard.....................	1.18	71.14
Graisse de porc..........	nul.	79.03
Beurre frais.............	0.64	83
Huile d'olive...........	traces	98
Riz......................	0 99	41
Pommes de terre..........	0.33	11
Carottes.................	0.31	5.50
Oseille (pour 10 gr.).....	0.04	1.6
Café noir (Infusion de 100 gr.)	1.10	22
Vin......................	0.015	4
Bière forte..............	0.08	4.50

DÉSIGNATION DES ALIMENTS	Lundi	Mardi	Mercredi	Jeudi	Vendredi	Samedi	Dimanche	POIDS TOTAL	TOTAUX en Azote	en Carbone
	gr	gr	gr	gr	gr	gr	gr	gr		
Pain pour les soupes et à la main	840	840	840	775	840	840	775	5750	69	1725
Légumes frais pour les soupes.	80	80	80	40	80	80	40	480	1.68	51.60
Oignon......................	10	10	10	10	10	10	10	70	»	»
Pommes { pour les soupes....	50	50	50	»	50	50	»	250	} 2.47	82.50
de terre { pour la pitance....	»	250	»	»	250	»	»	500		
Viande crue non désossée.....	»	»	»	120	»	»	150	270	6.78	24.86
Riz pour la pitance..........	»	»	»	60	»	»	60	120	1.18	49.20
Légumes secs { en purée pour les soupes (Haricots)	10	10	10	»	10	10	»	50	} 15.58	178.35
{ pour la pitance...l	120 Haricots	»	120 Lentilles	»	»	120 Haricots	»	360		
Graisse.......................	18	18	18	5	»	»	5	64	»	50.57
Beurre........................	»	»	»	»	21.60	14.40	»	36	0.23	29.88
Huile.........................	»	»	»	»	»	12.50	»	12.50	»	12.25
Vinaigre......................	»	»	»	»	»	24	»	24	»	»
Sel...........................	20	20	20	13	20	20	13	126	»	»
Poivre........................	0.39	0.47	0.39	0.23	0.47	0.39	0.35	2.69	»	»
POIDS TOTAL..........									96.92	2204.21

Le tableau qui précède fournit un aperçu complet du régime alimentaire des condamnés (10 avril 1895).

Soit, pour sept jours et par tête, une consommation de 96^{gr},92 d'azote et 2.204^{gr},21 de carbone, ce qui représente une moyenne de 13^{gr},71 d'azote et de 314^{gr},88 de carbone par jour.

L'alimentation réglementaire dépasse donc légèrement les quantités indiquées comme strict nécessaire. Il n'y a pas lieu par conséquent d'augmenter la ration des condamnés qui ne travaillent pas.

« Dès l'instant où la prison a refermé ses portes sur le détenu, son organisme subit moins l'usure... le combat pour l'existence est suspendu... le prisonnier vit en réalité moins rapidement qu'auparavant ». Et M. Delabost ajoute : « Les résultats fournis par les pesées faites dans les prisons d'Ecosse, où les régimes alimentaires contiennent, suivant la durée de la peine, de 15^{gr},50 à 21^{gr},53 d'azote, 409 à 604 gram. d'hydrocarbonés, semblent en effet démontrer que ces régimes sont excessifs puisque la grande majorité des détenus acquiert en prison un embonpoint dépassant assurément la mesure de ce qu'imposent les lois humanitaires et pénales [1] ».

---

[1] Delabost; *L'alimentation des détenus*, 1885.

Mais l'homme qui travaille a besoin d'un supplément de nourriture contenant de 5 gram. à
5gr,50 d'azote et de 70 à 100 gram. de carbone[1].

Les aliments délivrés en cantine fournissent-ils
ce supplément alimentaire ?

Assurément. Il suffit de jeter les yeux sur la
liste complète des aliments que le détenu peut se
procurer.

Dans cette liste dressée ci-après, chaque ration
est représentée par son poids et par la quantité
d'azote et de carbone qu'elle contient.

[1] G. Sée; *Du régime alimentaire.*

NATURE DES ALIMENTS	PRIX en CENTIMES	QUANTITÉ pour une ration en grammes	TOTAUX	
			AZOTE	CARBONE
			gr.	gr.
Pain..................................	15	700	8.40	210
Ragoût { Viande de bœuf cuite avec jus et légumes...	20	75	2.65	26.16
Pommes de terre..................		110		
Beurre............................		7		
Oignons...........................		10		
Lard cuit sans couenne..................	20	75	0.885	53.35
		50	»	»
Fromages { Auvergne....................		50	en moyenne	
Gruyère...........................	10	50	2.50	19
Roquefort.........................		50	2.10	29
Saint-Marcellin...................		80	»	»
Morue cuite { Huile...................	20	30	4.518	43.80
Vinaigre..........................		30		
Oignons...........................		10		
Morue.............................		90		
Beurre................................	20	50	0.32	41.50
Lait de vache.........................	10	0 lit. 25	1.38	20
Œufs durs.............................	20	2 œufs	5.20	27
Salade { Verte, laitue ou autre.........	10	125	traces.	9.8
Huile.............................		10		
Vinaigre..........................		20		
Oignons (sel et poivre nécessaires)...		10		
Idem. { Haricots cuits id. ...	10	175	6.86	85.05
Huile.............................		10		
Vinaigre..........................		20		
Oignons...........................		10		
Hareng saur...........................	10	un	3.111 %	23 %
Sardines..............................	15	150	2.79	17
Confitures (fruits confits et marmelade).....	10	150	»	»
Café noir non sucré...................	5	25	0.275	5.50
Fruits suivant la saison..............	10	»	»	»

Malheureusement, sur les 748 détenus que renferme la maison centrale, il en est, tous les jours, près d'un tiers qui ne figurent pas sur les registres de la cantine.

TABLEAU DE CANTINE AU 31 DÉCEMBRE 1894.

Dépenses autorisées.													
0,05	0,10	0,15	0,20	0,25	0,30	0,35	0,40	0,45	0,50	0,55	0,60	0,65	0,70
Nombre de Détenus.													
20	30	40	25	35	30	45	45	50	55	50	45	20	10

Sur ce nombre, les uns s'imposent la privation des vivres supplémentaires, par raison d'économie et afin d'avoir un plus gros pécule à leur sortie ; les autres, parce qu'ils éprouvent un malin plaisir à dissiper en quelques jours leurs modestes ressources. Ces derniers sont ceux qu'on appelle les *noceurs*.

En prison, c'est faire la noce que de marquer à la cantine pour 3o ou 5o centimes de vivres supplémentaires quand, sur le produit du travail quotidien, il ne peut être versé, par exemple, que 15 ou 2o centimes au pécule disponible.

Mais, noceurs ou non, les uns et les autres montrent de l'assiduité au travail. Or, comme tout travail (musculaire ou intellectuel) entraîne une augmentation des combustions[1] de l'économie, le régime alimentaire, tel qu'il est prescrit par les règlements, ne répond plus dès lors aux exigences de l'organisme.

L'économie animale possède bien pour résister et entretenir, pendant un certain temps, les phénomènes de la vie, en dépit des privations, l'admirable propriété de puiser dans la plupart des principes immédiats qui constituent les organes, les matériaux indispensables au bon fonctionnement de la machine humaine. « Mais de ces ressources il ne faut pas abuser, car, lorsqu'on arrive à la limite, les difficultés s'augmentent pour l'organisme ; les matériaux qui restent sont plus difficiles à employer ; puis, survient cet état d'appauvrissement général de l'économie qui prédispose à toutes les maladies aiguës et qui conduit aux plus redoutables affections chroniques »[2]. Ce

[1] C'est Lavoisier qui, l'un des premiers, a montré que le travail musculaire augmentait la quantité de l'oxygène comburé. et, tandis qu'un homme au repos consomme par heure 36 litres, 6 d'oxygène, il lui en faut 91,25 dans le même temps pour élever en 15 minutes un poids de 7k,54 à 211 mètres de hauteur (Dujardin – Beaumetz ; *Hygiène alimentaire*).

Quant à la quantité d'urée, elle suit aussi une progression croissante.

[2] Bouchardat ; *Revue des cours scientifiques*. 7ᵉ année.

qui prouve que la cantine doit devenir obligatoire et que les dépenses supplémentaires du prisonnier doivent être proportionnées au pécule disponible et en rapport, bien entendu, avec le travail quotidien.

Tout alors serait pour le mieux, si la qualité des aliments ne laissait trop souvent à désirer. Ainsi, la viande est généralement médiocre ; elle provient de vaches plus ou moins vieilles ; de plus, elle est prise dans les régions les moins estimées de l'animal. Il arrive même que, par la saison chaude, les bouchers ont soin, pour empêcher qu'elle ne tourne à l'aigre, de la tremper, avant livraison, dans une solution boriquée. Mince régal que celui que fournit un morceau de cette sorte !

Les légumes secs sont aussi, bien des fois, de qualité inférieure ou conservés depuis longtemps, mal assaisonnés et mal cuits. Le pain lui-même pèche quelquefois par la qualité défectueuse des farines et plus souvent encore par son défaut de cuisson et de manutention. Le pain mal conditionné et mal cuit passe vite ; il ne nourrit pas. La fermentation du gluten, qui n'a pas été arrêtée complètement par la chaleur, recommence quand l'humidité et la chaleur lui sont de nouveau propices et donne naissance à des produits acides qui, à la longue, fatiguent l'estomac.

Si, maintenant, on fait intervenir la monotonie du régime, ce qui finit par entraîner le dégoût; si l'on tient compte aussi des éléments de détérioration que porte en elle-même la captivité : d'une part, le manque d'aération, de lumière, d'exercices variés et salubres, les rigueurs de la discipline ; d'autre part, l'abattement qui succède à la perte de la liberté, les habitudes vicieuses, etc., l'indication qui saute aux yeux, c'est de chercher dans la variété des vivres, dans le choix des matières premières et dans la préparation des aliments un contre-poids à ces causes déprimantes dont une alimentation défectueuse ne peut que favoriser l'activité.

*
* *

L'eau que boivent les détenus valides est un mélange d'eau du Rhône et d'eau de puits. On ne se sert de l'eau de citerne que pour la cuisson des légumes et les besoins de l'infirmerie.

Notre excellent ami, M. le professeur Gal, a bien voulu se charger de l'analyse de ces diverses eaux. L'eau du mélange a été prise à la borne-fontaine de la grande cour (côté du quartier cellulaire) ; l'eau du puits, au puits lui-même; et l'eau de citerne, à la pompe de l'infirmerie.

ANALYSES DES EAUX DE LA MAISON CENTRALE
d'après M. le professeur GAL.

	CITERNE	PUITS	MÉLANGE (RHÔNE ET PUITS)
	Par litre	Par litre	Par litre
Résidu fixe......................	0gr,105	0gr,600	0gr,525
Chlorures (dosage direct) évalués Na Cl.....	0gr,005	0gr,076	Cgr,073
Sulfates (dosage direct) évalués So⁴ Ca.......	0gr.035	0gr,182	0gr.171
Degré hydrotimétrique total...............	9°	49°	43°
Degré hydrotimétrique après ébullition.......	8°5	24°	23°
Degré après traitement par oxalate d'ammoniaque	0°7	3°5	3°
d'où carbonate de chaux.............	0gr,040	0gr,278	0gr,226
Sulfate de chaux, carbonate de calcium, etc.	0gr,070	0gr,264	0gr,252
Oxygène emprunté au permanganate de potasse (évaluation des matières organiques).......	2 mmg	2 mmg	1mmg,75

Cette petite opération a été faite le 4 juillet 1894, vingt jours après un fort orage.

Voici maintenant, à titre de comparaison, l'analyse hydrotimétrique des eaux du Rhône, pures de tout mélange, d'après M. le chimiste Boyer.

	RHONE Prise au robinet du laboratoire le 25 juillet 1891
Acide carbonique libre par litre (en volume)	20^{cc}
Carbonate de chaux en poids, par litre.	$0^{gr},097$
Sulfate de chaux en poids, par litre...	$0^{gr},028$
Sels solubles (magnésie en poids, par litre).	$0^{gr},0375$
Degré hydrotimétrique total.........	18°
Degré hydrotimétrique après ébullition.	8°
Chlorures en poids, par litre.........	$0^{gr},06$
Chlore en poids, par litre.	$0^{gr},036288$
Oxygène emprunté au permanganate de potasse.........................	$0^{gr},515$
Nitrates.........................	nuls
Acide phosphorique.........	traces
Résidu fixe.....................	$0^{gr},250$

Il résulte des calculs de M. Gal que la proportion des eaux qui constituent le mélange (Rhône et puits), est :

Eau du Rhône............ 1
Eau du puits............. 10

L'abondance des matières minérales (chlorures, sulfates) contenues dans les eaux du puits et les eaux du mélange fait classer ces eaux parmi les *mauvaises*. Comme il fallait s'y attendre, l'eau des citernes n'entre pas dans cette catégorie.

Au point de vue des matières organiques, l'eau des citernes, l'eau du puits et celle du mélange (Rhône et puits) sont tout juste acceptables.

Pour qu'une eau soit potable, l'oxygène emprunté aux matières organiques ne doit pas dépasser 2 milligr.

L'eau du Rhône seule offre de sérieuses garanties.

Il est donc du devoir de l'administration d'engager au plus tôt de nouveaux pourparlers avec la ville, afin de faire raccorder la canalisation de l'établissement avec le réservoir dit des *hauts quartiers* (eau du Rhône). C'est le seul moyen de disposer, sans intermittence, d'une quantité d'eau potable considérable.

L'eau est la boisson ordinaire des prisonniers ; il faut la leur donner aussi bonne que possible, si on veut éviter bien des maladies. On échappe

ainsi au préjudice que causent des séjours fré-
quents ou prolongés à l'infirmerie.

C'est d'ailleurs dans ce but que, pendant les
mois de juin, juillet et août, il est fourni aux détenus valides, tant dans les réfectoires que dans les
préaux, une boisson amère qui, n'était la composition de l'eau, serait excellente.

En voici la formule :

Eau.................... 1000 litres
Gentiane............... 1000 gram.
Houblon............... 250 —
Feuilles de noyer...... 500 —
Acide tartrique........ 200 —
Mélasse............... 3000 —
Essence de citron...... 4 —

Pour des raisons analogues, l'usage du vin, une
ou deux fois par semaine et à la cantine, serait
une mesure des plus salutaires pour les condamnés.

Un peu d'alcool est un élément utile dans le
budget de la nutrition.

Pris à dose modérée et sous forme de vin, il
tonifie, stimule, fait digérer et augmente la force
de résistance à opposer aux influences morbi-
fiques.

S'il faut en croire la statistique dressée, ces
derniers temps, par l'association médicale britan-

nique, statistique portant sur plus de 4,000 décès, l'âge le plus avancé (en moyenne 63 ans) est atteint par les buveurs modérés. Les buveurs habituels et les ivrognes ont en moyenne huit à neuf ans de moins à vivre ; mais le minimum de vie (51 ans) est pour les abstinents.

Les abus qui ont déterminé la suppression du vin dans les Maisons centrales sont loin dans le passé ; on ne voit pas les raisons qui peuvent motiver le maintien d'une pareille mesure. Aucune atteinte n'a été, que je sache, portée à la discipline depuis que les comptables, les prévôts, les moniteurs, les pompiers, les musiciens et les choristes ont été autorisés, en raison de leur bonne conduite, à se procurer, une fois par semaine, pour le prix de 11 cent., une ration de 25 centil. de vin.

L'administration fait appel à une surveillance active, continuelle et bien déterminée, et cela suffit.

CHAPITRE V.

Le Travail.

Le travail n'a été introduit dans les prisons qu'en 1810, lors de l'établissement définitif des maisons centrales.

« Le travail, disait une circulaire de 1816, est de tous les moyens le plus propre à corriger les hommes dépravés, à donner une autre direction à leurs idées, à leur faire perdre leurs habitudes vicieuses ». On aurait pu ajouter, avec Mme de Sévigné : « la plupart de nos maux viennent d'avoir le cul sur selle »; et, avec Montaigne : « le paresseux ne marche pas dans la vie ; le temps l'y traîne à reculons ».

Exiger un travail quelconque de tous les condamnés indistinctement, c'était d'ailleurs obliger ceux qui n'avaient point de profession d'en apprendre une, c'était les prémunir contre l'indigence et l'oisiveté à leur rentrée dans la vie libre.

Au travail, un salaire fut attaché.

Aux termes d'une ordonnance promulguée en

1817, le produit du travail fut divisé en 3 lots : l'un fut destiné à l'administration ; le deuxième servit à former une masse de réserve pour le prisonnier à l'époque de la libération ; le troisième fut remis au détenu, chaque semaine, pour qu'il en fît usage à son gré.

Les fureurs du jeu, les prêts usuraires et les débauches de la cantine déterminèrent l'ordonnance du 10 mai 1839.

Désormais, le prisonnier n'eut plus d'argent à sa disposition.

Les dépenses durent être préalablement autorisées par le Ministre, après avis favorable du directeur de la maison.

Puis, survint l'établissement des catégories pénales (27 décembre 1843) qui réduisit la portion de salaire afférente aux condamnés sur leur pécule.

Le gouvernement de 1848 suspendit [1] le travail dans les prisons parce qu'il faisait, disaient les considérants du décret, une concurrence désastreuse au travail honnête et libre.

Cette suspension eut des effets déplorables sur la moralité des détenus ; mais la mortalité diminua dans des proportions énormes, ce qui démontra combien était inhumain le système de travail précédemment appliqué.

----

[1] Décret du 24 mars 1848.

Une loi du 9 juillet 1849 annula le décret de 1848.

« Ce serait, portait une circulaire de 1852, un véritable scandale que des hommes frappés par la justice reçussent dans une oisiveté démoralisante tout ce qui est nécessaire aux premiers besoins de la vie, tout ce que des artisans honnêtes ne se procurent, pour eux et leur famille, que par un travail continuel »

Le produit du travail est, actuellement, divisé en deux parts distinctes, selon la catégorie à laquelle appartient le condamné.

S'il n'en est qu'à sa première condamnation à plus d'un an et un jour, il jouit de la moitié de ce produit, soit 5/10. Cette moitié est divisée ensuite en deux parts égales : l'une (*pécule disponible*)— à laquelle s'ajoutent les sommes qui ont été apportées par le détenu au moment de son incarcération, ou qui ont été, durant la captivité, saisies, remises ou envoyées pour quelque cause que ce soit — lui sert à se procurer des vivres supplémentaires ; l'autre constitue le *pécule de réserve* que le condamné ne touche qu'à sa sortie de prison, et sur lequel il ne peut être opéré de prélèvement qu'avec l'autorisation écrite du directeur et en cas de nécessité dûment justifiée.

Les autres 5/10 reviennent de droit à l'État ou à

l'entrepreneur, suivant le mode de gestion des services de l'établissement.

A la deuxième condamnation à plus d'un an et un jour, le détenu ne jouit que des 4/10 de son gain ; à la troisième, que des 3/10 ; à la quatrième, que des 2/10 ; à la cinquième, que du dixième. Mais l'administration peut, suivant la conduite et les services rendus, lui allouer des dixièmes supplémentaires.

Une condamnation à la réclusion entraîne la suppression d'un dixième.

Les condamnés aux travaux forcés ne jouissent que des 3/10 du produit de leur travail; du dixième, s'ils ont été condamnés précédemment à la même peine ; et de 2/10, si la première peine était la réclusion ou l'emprisonnement à plus d'un an.

Dans aucun cas, la portion accordée sur le produit du travail ne peut être inférieure au dixième.

Deux modes de pourvoir à la nourriture et à l'entretien des détenus ont été en vigueur dans la maison centrale de Nimes : le système de l'entreprise et celui de la régie.

Jusqu'en 1842, l'Etat a loué les prisonniers à des entrepreneurs généraux qui ont subvenu à leurs frais d'entretien, « moyennant un prix déterminé par le résultat d'une adjudication publique, plus une part du salaire des détenus, qui peut s'élever jusqu'aux neuf dixièmes, et les bénéfices de la cantine[1] ».

A cette époque, l'Etat prit les maisons de détention en régie.

En 1856, la régie fit de nouveau place aux entreprises.

Mais « on a reconnu partout que, pour l'éducation pénitentiaire, toute réforme sérieuse était incompatible avec l'adjudication du travail des prisonniers à un entrepreneur, et on en a conclu que l'administration ne devait se mettre à la merci de personne et rester souveraine[2] ».

On en revient donc aujourd'hui à la régie. C'est le système qui fonctionne à Nimes depuis le 1er janvier 1893.

L'Etat, par l'intermédiaire d'un économe placé sous l'autorité du directeur, fait directement toutes les dépenses, et l'intégralité des sommes payées par les entrepreneurs des travaux est versée au trésor.

Depuis la mise en vigueur de la régie — et sans modifications sensibles dans l'existence prisonnière — l'administration locale a trouvé le moyen de réaliser, pour le compte de l'Etat, un bénéfice annuel de 30,000 francs environ. Les dépenses

[1] Millerand; Rapport du budget de 1888 (séance du 25 octobre 1887).

[2] Lefébure; Rapport à l'Assemblée nationale, 1873.

afférentes à l'entretien des condamnés s'élevaient, du temps de l'entreprise, à la somme de o fr. 36,4 — prix alloué à l'entrepreneur, par homme et par jour — tandis qu'elles varient aujourd'hui entre 18 et 24 centimes.

*
* *

Les genres d'industrie en usage (31 décembre 1894) dans la maison centrale sont assez variés. Ils se répartissent ainsi : la sparterie, l'ébénisterie, le clouage, la fabrication des pantoufles, des lits en fer, des meubles de jardin, des filoches, des pipes, des chaises, des espadrilles et des tricots de chasse.

A la sparterie travaillent 3o détenus.

On y emploie :

La corde de coco, importée de l'Inde.
La corde d'aloès, importée d'Algérie.
La corde de jute, fabriquée en France.

Ces trois catégories de cordes servent à la fabrication des brosses.

C'est avec la corde d'alfa et le jonc travaillé en tresses qu'on fait des paillassons.

L'atelier d'ébénisterie occupe 56 détenus.

Il reçoit du département de la Drôme ses bois tout ouvrés.

On y fabrique, principalement, des lits, des bureaux et des tables.

Le détenu n'a qu'à monter les pièces, les polir et les passer aux vernisseurs.

L'atelier le plus important est celui du clouage. On y compte 146 détenus. Il ne s'y fabrique que de la chaussure clouée. Les matières premières arrivent toutes préparées, c'est-à-dire que les tiges sont piquées et les semelles taillées à l'emporte-pièce.

Les *monteurs* sont chargés du gros de la chaussure, les *déformeurs* du finissage.

L'atelier des pantoufles n'occupe que 13 détenus. Là aussi, il y a des *monteurs* et des *déformeurs*.

Soixante prisonniers sont employés à la fabrication des lits en fer, bancs pour jardin, tables de café, etc. Le fer arrive en barre et est travaillé par le condamné.

L'atelier des filoches occupe 5o détenus qui fabriquent des filets à provision.

Aux pipes, travaillent 46 hommes. Les uns sont chargés du tournage du bois arrivant par morceaux ; les autres, de la sculpture.

Les bois employés sont le merisier et la racine de bruyère.

A l'atelier des chaises, on compte 88 détenus. Vingt-huit sont employés au montage et au cannage. L'empaillage est réservé aux autres.

Les bois dont on se sert sont le noyer, le hêtre, le chêne.

L'atelier des espadrilles occupe 39 condamnés. Vingt-huit sont employés à faire la tresse ou les semelles, et, le restant, à border les espadrilles.

Il n'y a que 9 hommes à l'atelier des tricots de chasse.

Lors de la création de ces divers ateliers, on a procédé à une série d'enquêtes et de comparaisons, conformément aux dispositions de l'arrêté du 15 avril 1882, qui est, selon l'expression de M. Dupuy, député de l'Aisne, la *grande charte* du travail des détenus. On a établi un état de main-d'œuvre et de salaires, ainsi que de dépenses d'installation afférentes à un nombre maximum d'ouvriers, et on a soumis à l'examen et à l'approbation du Préfet un tarif de fabrication basé sur les industries similaires exercées en ville ou dans les environs. La Chambre de commerce, consultée, a répondu qu'on pouvait maintenir les prix proposés.

Toutefois, pour indemniser les entrepreneurs des pertes résultant de l'apprentissage, des mauvaises confections, des fournitures de métiers, outils et ustensiles, il est fait, sur le montant de ces prix, une déduction d'un dixième.

L'administration surveille les hausses de salaire survenues dans l'industrie, remanie souvent les tarifs ; aussi la maison de Nimes n'est-elle pas parmi les maisons visées par M. Millerand dans son rapport du budget de 1888 : « De l'état des industries, métiers et travaux exercés dans les maisons centrales, il ressort que 52 tarifs sont antérieurs à l'arrêté de 1882. Il en est même dont l'établissement remonte à 1860 ».

Les détenus qui ne connaissent pas le travail de l'atelier où ils sont classés à leur arrivée, subissent un apprentissage, variant de 8 jours à 3 mois et divisé en 2 ou 3 périodes ; ils sont payés, à la journée, suivant un tarif arrêté entre les fabricants et l'administration et affiché dans l'atelier.

Le travail est obligatoire pour tous les valides, fussent-ils en cellule.

Les tâches de travail sont journalières et personnelles. Elles sont vérifiées chaque jour.

Pour empêcher que le prisonnier ne dégrade ou ne perde les objets à lui confiés, il est rendu responsable de toute dégradation ou perte, même lorsqu'il n'y a pas mauvaise intention évidente de sa part.

Aussitôt qu'un condamné s'abandonne à la paresse, il est cité au prétoire. Les efforts soutenus de l'inspecteur pour rester en deçà de la limite que l'ouvrier détenu est en mesure d'atteindre, justifient pleinement la sévérité des jugements rendus.

Tout bon travailleur peut réaliser de petites économies. Plusieurs condamnés gagnent jusqu'à 5 francs par jour ; d'autres reçoivent un salaire de 3 et 4 francs ; un certain nombre sont payés de 1 à 3 francs. Mais la majorité de la population ne touche, comme prix de main-d'œuvre, que 20, 30, 40, etc., 75 centimes ou 1 franc. D'où, un produit moyen — par homme et par journée de travail — égal, en 1894, à 1 fr. 121.

En 1883, le produit moyen — par homme et par journée de travail — était de 1 fr. 222 et plaçait Nimes au cinquième rang sur le tableau de classement annuel des maisons centrales.

De 1883 à 1886, la moyenne du travail éprouve une augmentation sensible.

En 1886, cette moyenne s'élève à 1 fr. 301. Dès lors, l'établissement de Nimes gagne deux rangs dans le classement général. Il y garde la troisième place jusqu'en 1891, époque à laquelle le produit moyen du travail devient égal à 1 fr. 466.

A partir de 1891, ce produit moyen suit une

marche descendante. En 1892, il n'est plus que de 1 fr. 3173. En 1893, il tombe à 1 fr. 0733. L'année 1894 nous le montre égal à 1 fr. 121.

Ce produit, comparé au produit moyen — par journée de travail — des différentes maisons centrales est inférieur (sauf pour l'année 1892) aux dernières moyennes générales publiées et que voici : 1 fr. 1538 en 1883, 1 fr. 1721 en 1884, 1 fr. 1476 en 1885, 1 fr. 1447 en 1886, 1 fr. 1496 en 1887, 1 fr. 1538 en 1888, 1 fr. 1491 en 1889, 1 fr. 1592 en 1890, 1 fr. 1696 en 1891 et 1 fr. 1105 en 1892.

La disparition de quelques industries — vannerie, clissage et empaillage des bouteilles — qui occupaient un grand nombre de détenus et dont la moyenne était forte, fournissent l'explication de cette diminution.

Il en est de même du produit moyen par journée de détention. En effet, ce produit moyen, qui était, ici, de 0 fr. 8968 en 1883, 1 fr. 004 en 1888, 1 fr. 05 en 1889 et qui plaçait Nimes immédiatement après Poissy, Melun et Gaillon, est tombé à 0 fr. 9250 en 1892, 0 fr. 7666 en 1893 et 0 fr. 7778 en 1894, tandis que la moyenne générale des maisons centrales, publiée de 1883 à 1893, dans la *statistique des prisons*, varie entre 0 fr. 7943 (1886) et 0 fr. 8429 (1891).

Le nombre relativement considérable d'inoc-

NOMENCLATURE des INDUSTRIES EXPLOITÉES	TRAVAILLEURS		PRODUIT NET DU TRAVAIL (Gratifications comprises)	MOYENNE		OBSERVATIONS
	Nombre moyen pendant l'année	au 31 décembre 1894		par journée de travail et par atelier	générale par journée de travail	
Balais................	»	»	1097.26	»		Supprimé en février 1894.
Chaises................	27	28	14491.29	1.561		
Empaillage............	58	60	13809.41	0.789		
Cordonnerie..........	155	146	57136.88	1.180		
Ebénisterie............	33	56	12643.90	1.008		
Espadrilles............	35	39	4691.04	0.884		
Filoches..............	63	50	6994.75	0.438		
Lits en fer............	57	42	25322.35	1.608		
Meubles de jardin......	19	18	9215.12	1.524	1.121	
Pantoufles............	22	13	5580.80	0.902		
Pipes................	49	46	16807.83	1.407		
Sparterie............	20	30	5563.10	0.750		
Tailleurs............	8	8	3043.76	1.771		
Tricots................	17	9	5095.28	1 322		
Triages divers..........	10	10	837.69	0.388		
Service général........	67	77	28656.33	1.196		
Services des bâtiments..	8	8	3173.95			
Totaux........	648	640	214160.74			

Infirmes, vieillards, inoccupés et punis............................ 108

Population totale au 31 décembre 1894........................ 748

cupés, d'infirmes ou réputés tels et le chiffre élevé des punitions, doivent être pris en très sérieuse considération si on recherche la raison de cette infériorité.

Le tableau ci-contre donne une idée exacte de l'ensemble du travail dans la Maison centrale de Nîmes, pour l'année 1894.

Au point de vue sanitaire, les diverses industries réunies dans la maison centrale de Nîmes sont incontestablement des meilleures.

Le travail serait donc particulièrement favorable au détenu s'il pouvait l'exercer dans les conditions que réclame l'hygiène.

Malheureusement, l'hygiène industrielle reçoit ici bien des entorses. Tel atelier (pipes) est mal disposé ; tel autre est humide (empaillage) ou mal aéré (lits en fer, clouage). Ici, de grands et nombreux arceaux (ateliers des pipes et lits en fer) emprisonnent l'air et en diminuent le cube. Là, les fenêtres ne sont pas en rapport avec les dimensions de la pièce (salle Ouest des lits en fer et clouage). Ailleurs, non seulement les fenêtres sont trop petites, mais elles n'existent que d'un seul côté, ce qui donne une aération bien médiocre, le courant qui entre par en bas et sort par en haut d'une fenêtre ouverte ne faisant qu'une courbe à convexité interne qui pénètre peu dans l'intérieur.

Le seul moyen de ventilation de tous ces ateliers consiste dans l'ouverture — pendant un temps plus ou moins long et à intervalles plus ou moins rapprochés — des portes et fenêtres.

Ce procédé, tout simple, est certainement celui qui, pour la quantité et surtout pour la pureté de l'air fourni, ramène l'homme le plus près possible des conditions dans lesquelles il se trouve en plein air. L'été, c'est parfait ; mais, l'hiver, malgré la clémence de notre climat, il est dangereux de renouveler brusquement l'atmosphère de ces divers locaux.

On agirait sagement en plaçant aux fenêtres, de loin en loin, un carreau mobile s'ouvrant et se fermant à soufflet.

C'est une amélioration bien modeste qui serait cependant d'une grande utilité.

Ne sait-on pas, en effet, qu'aux miasmes, résultat inévitable de toute agglomération humaine, viennent se joindre, pendant l'hiver, les dégagements d'oxyde de carbone produits par les poëles en fonte portés au rouge ?

Or, c'est à ces moyens de chauffage qu'on a recours. C'est le chauffage à bon marché, le chauffage des pauvres, mais c'est une hygiène coupable que celle qui admet, même pour les prisons, des compromis avec des agents toxiques.

Portés à une température élevée, les poëles en

fonte dessèchent[1] l'air, qu'ils amènent rapidement à un état hygrométrique pénible pour les voies respiratoires et permettent le dégagement de l'oxyde de carbone.

Aussi, ne saurait-on trop recommander à l'administration de faire revêtir, intérieurement, de corps réfractaires les parois des poêles, de manière à ce que ces dernières, suffisamment protégées, ne puissent point atteindre la température à laquelle la fonte se laisse traverser par l'oxyde de carbone provenant de la combustion.

*\
* *

Les premières protestations qui s'élevèrent contre le travail des condamnés datent de 1819. L'exploitation sans frein des prisonniers avait son contre-coup sur le travail libre.

Depuis, il n'est pas de crise industrielle qui ne ramène sur le tapis cette brûlante question.

Que demande-t-on ?

La suppression du travail dans les prisons !

[1] On remédie facilement à cet inconvénient en plaçant à demeure, sur le poêle, un récipient plein d'eau ; cette eau, en s'évaporant, donne à l'air un état hygrométrique mieux approprié aux besoins de nos organes.

Quelque hardi qu'on soit en fait d'innovations, on ne peut aller jusque-là. Il serait dangereux de laisser les prisonniers inoccupés. Que penser du reste d'une société qui rendrait à la vie libre des hommes inhabiles à toute occupation, doublement pervers par corruption et en quelque sorte par nécessité ? Sans compter que la suppression du travail serait une cause constante de désordre et ferait de la captivité pénitentiaire un élément de ruine pour l'État.

D'ailleurs, les statistiques montrent que « plus un peuple est paresseux, plus il renferme de criminels. Il n'y a pas de meilleure preuve de la nécessité et de la glorification du travail. Qui ne travaille pas est coupable et, tôt ou tard, peut devenir criminel. C'est le travail qui nous fait libres cérébralement, en nous affranchissant des suggestions de la partie occipitale où sont localisés les instincts les plus égoïstes [1] ».

Mais il importe que le travail pénal ne constitue pas une spéculation, qu'il soit plutôt moralisateur que productif.

Chercher à atténuer le dommage que le travail pénitentiaire porte au bien-être des ouvriers libres, voilà le but à poursuivre.

---

[1] Lacassagne; Préface au livre de M. Laurent : *Les habitués des prisons de Paris.*

D'après M. Herbette, l'ancien et éminent directeur du Service pénitentiaire, « il n'existe pas une question générale du travail dans les prisons [1] ».

C'est aussi l'opinion des économistes.

S'il faut les en croire, la concurrence que la production pénitentiaire fait à la production générale n'a point pour effet de diminuer ni la quantité de travail, ni le prix de la main-d'œuvre. Les prisonniers, disent-ils, travaillaient avant d'entrer en prison. Ils ne font que se déplacer et changer de profession. Quant au salaire qui leur est payé, il n'est définitivement arrêté qu'après une série d'enquêtes et de comparaisons ayant pour but de permettre à l'administration « d'assurer une équivalence complète entre les prix de revient de la main-d'œuvre supportés par les concessionnaires des prisons et ceux qui incombent aux industriels employant des ouvriers libres ».

Il n'y a pas seulement, comme on veut bien le prétendre, *déplacement* ou *transformation* de travail, il y a aussi *création*.

De quoi se compose la clientèle des Maisons centrales ?

En grande partie, de vagabonds pour qui le doux farniente est le plus saint des devoirs et qui

[1] Soc. éc. polit., séance 5 janvier 1885 par M. Gary.

se résignent difficilement, dans la vie libre, à sacrifier au travail.

Or, dans le monde des prisons, le travail est une nécessité à laquelle personne n'échappe, et, pour avoir le droit de consommer, nos vagabonds doivent produire.

Et puis, le *déplacement*, la *transformation* du travail n'entraînent-ils pas de grandes perturbations dans les branches d'industries où ils s'opèrent?

« La moitié des prisonniers appartiennent à l'agriculture et c'est à des travaux industriels qu'ils vont être employés [1] ».

Il paraît difficile de soutenir que la *transformation* du travail agricole « n'aura pas une action sensible sur le travail industriel », surtout si l'on considère cette transformation dans une région et dans une branche d'industrie données.

Quant au *déplacement*, n'est-il pas indiscutable que, s'il « n'a pas une influence sur les lieux où le travailleur a été pris, il en a une grande au lieu où il a été amené par masses [1] » ?

Les arrivants enlèvent aux autres une partie du travail régional; il y a pléthore de travailleurs, et cette pléthore amène infailliblement une dépréciation des salaires.

[1] Rouanet, *La travail, Revue socialiste*, 1888.

Oui, la production pénitentiaire pèse sur le travail libre ; son action est plus ou moins sensible, mais certaine ; elle est même, dans quelques cas, absolument désastreuse.

Dès lors, comment remédier à cet état de choses ?

Faut-il occuper les détenus pour le compte de l'État ? On ne ferait que déplacer la concurrence.

Les employer à des travaux d'utilité publique (creusement de canaux, desséchement des marais, établissement de ports, construction de routes, etc.) ? Cette solution léserait d'autres intérêts non moins respectables (terrassiers, hommes de peine), et serait, d'ailleurs, pour l'État, la source de nouvelles et considérables dépenses. Et puis, outre qu'on doit tenir compte, ici, des nécessités de la surveillance, du danger des évasions, des inconvénients de l'oisiveté pendant les jours de mauvais temps, il faut aussi se demander ce qu'on ferait des infirmes, des vieillards et de toute cette catégorie d'indisciplinés qu'il faut sans cesse contenir.

L'extension des pénitenciers agricoles, demandée par M. Brialou, en 1884, est une indication heureuse dont on peut tirer bon parti.

Il ne serait pas inutile non plus de diminuer encore le nombre des prisonniers en condamnant moins souvent à la prison et plus souvent à l'amende quand cette dernière peine peut avoir une efficacité suffisante.

Mais il est une mesure qui peut être réclamée sans inconvénients, et qui calmerait singulièrement les craintes que la concurrence pénitentiaire fait naître dans l'esprit des ouvriers, ce serait d'empêcher qu'on n'établît, dans les prisons, des industries similaires à celles qui se trouvent dans la région où ces prisons sont situées.

Quant au moyen d'atténuer les effets de la concurrence pénitentiaire, de les réduire à leur minimum d'intensité, il paraît se résumer dans la formule suivante de M. Rouanet : «Ne faire fabriquer aux détenus que des produits d'une fabrication et d'une consommation générales, en ayant soin de répartir travail et produits à la surface du marché ». Il suffirait d'indiquer clairement ce qu'on entend par « produits d'une fabrication et d'une consommation générales » et d'en dresser la liste.

Parmi les industries de la maison centrale de Nimes, il en est deux qu'on peut considérer comme faisant concurrence au travail libre de la région: la cordonnerie et l'industrie des chaises — la première s'exerçant en ville, la seconde dans les environs. Sans doute, dans ces branches d'industrie, la proportion du travail servile au travail libre n'est pas telle [1] qu'il en résulte pour ce dernier un bien grand dommage. Néanmoins, il est à souhaiter que l'administration, qui n'a rien plus à cœur que de ne pas léser les intérêts des ouvriers libres, prenne au plus tôt, toutes les mesures capables d'assurer la protection du travail régional.

[1] Elle s'exerce, dit-on, pour la cordonnerie, dans la proportion de 1 p. 35, et de 1 p. 50 pour l'industrie des chaises.

CHAPITRE VI.

Le Prisonnier intime

La prison n'est pas un *organisme* absolument passif, ainsi qu'on est porté à le croire. C'est une sorte de monde à part, mais un monde bien vivant, avec son histoire, ses traditions, ses mœurs, ses besoins, sa morale, sa vanité, ses gloires même, son langage, sa littérature, son art et sa poésie. Et « il n'est pas une seule des passions de l'homme, des passions naturelles ou factices, depuis l'ivrognerie jusqu'à l'amour, qui ne puisse trouver sous les verrous, à tout le moins, un semblant de satisfaction »[1].

Avec de l'argent, on obtient tout ce qu'on désire. Or, rien de plus simple que d'introduire dans la prison cet élément corrupteur. Il suffit de savoir où s'approvisionner : amis compatissants, famille ou gigolette ; tout est là. Les vétérans d'entre les condamnés ont un sac tout plein

[1] Emile Gautier, *Le monde des prisons.*

de ruses ; ils auront bientôt fait de vous initier aux mystères de la détention.

Il est, du reste, parmi le personnel libre des prisons, parmi ce personnel qui va, qui vient, qui entre, qui sort, certaines gens [1] que la soif du lucre détourne sans trop de peine de leurs devoirs. Ce sont ces gens-là qui passent les lettres clandestines des détenus et font leurs commissions en ville — moyennant, bien entendu, une forte rétribution. On les appelle des *portes*.

Les *portes* ne sont pas en relations directes avec les intéressés.

Grâce à l'entremise d'un condamné qui a le *monopole* de tous les trafics illicites, les détenus ne les connaissent pas.

Le *monopoleur* a, dans tous les ateliers, un *second*.

Le *second* est chargé de la levée des lettres. Il les remet au *monopoleur* qui les confie à la *porte*.

[1] Les Frères des Écoles Chrétiennes eux-mêmes n'ont pas échappé à ce reproche. En novembre 1842, un Frère surveillant fut surpris introduisant du tabac sous sa robe. Il le livrait, à raison de 30 à 40 francs la livre, à 4 détenus qui s'étaient associés pour en faire le débit parmi les prisonniers.

Le directeur de l'établissement ordonna le renvoi de ce frère — décision qui fut acceptée par le supérieur de la congrégation, le Frère Facile. (Arch. départ.)

Quand la *porte* a touché la somme que le détenu a demandée par lettre, elle commence par prélever 50 %; puis vient le tour du *monopoleur*, qui prend 25 %, et, en dernier lieu, celui du *second*, qui s'attribue 10 %. Si bien que, sur cent francs, par exemple, le destinataire, lui, ne touche que 15 francs.

Le plus souvent, et sur son désir, on le paie en tabac. En conséquence, il reçoit 30 paquets de 50 centimes chacun. Ces mêmes paquets, il les vendra couramment cent sous aux camarades. Il pourra même, par une combinaison aussi simple qu'ingénieuse, grossir sensiblement ses bénéfices· Il lui suffira de convertir en cigarettes le monceau de tabac dont il est l'heureux propriétaire. D'un paquet, il fera 80 cigarettes environ, et, le cas échéant, il les troquera, chacune, contre la valeur de 10 centimes de cantine, ou contre la même somme en argent, ou même contre tout autre objet de mince valeur.

On n'a pas idée de la puissance du tabac en prison. Avec le tabac, on achète du travail au voisin; au dortoir, on endort la surveillance des prévôts. Devant le tabac, tout ce vilain monde s'incline. On écoute comme un oracle le détenu qui peut griller de ce précieux végétal. Celui-là est un grand personnage.

« Chacun pour l'exalter en paroles abonde » ;

Chacun se plie à ses moindres caprices jusqu'au jour où, dénoncé ou bien pris en flagrant délit, il va expier en cellule toutes les jouissances que l'*herbe sainte* lui a permis de se procurer. Aussi longtemps qu'on l'y tienne enfermé, notre homme, si c'est un malin, taira le nom de celui qui lui a livré la denrée de contrebande. Le *menu fretin* seul est capable de *casser le morceau.*

Il semblerait qu'avec toutes les rigueurs de la discipline et une surveillance de tous les instants un trafic quelconque ne pût se faire en prison. Eh bien ! en 1887, il fut saisi jusqu'à 100 paquets de tabac au même détenu. La réparation de l'harmonium de l'église en fit découvrir 200 dans le jeu d'anches, ainsi que 100 cahiers de papier à cigarette.

Un peu plus tard, certains condamnés poussèrent la bravade jusqu'à s'offrir, par les jours de grande chaleur, de bonnes lampées d'*eau de savon* (absinthe).

En ce temps-là, sur le soir, paraissaient les journaux. La *Lanterne* et l'*Intransigeant* emportaient la préférence. Le *Méridional,* l'*Eclair,* le *Marseillais,* avaient aussi l'heur de plaire. Messieurs les Anglais lisaient le *Times,* les Italiens le *Secolo* de Milan, les Suisses la *Tribune* de Genève.

A la même époque, le détenu A.....[1] fondait, dans l'établissement, une véritable maison de banque.

[1] A.... était un homme d'une quarantaine d'années. Son esprit inventif et une longue pratique des affaires l'avaient désigné au choix de l'administration comme comptable général. Tout ce qui se faisait ou se disait dans la maison était connu de lui. Il inspirait une grande confiance et excellait dans la rédaction des rapports. Par sa docilité et ses manières simples, il endormit toute surveillance autour de lui. De ce jour, une maison de banque fut créée. Une personne que nous n'avons pas à nommer fit l'avance de la première mise de fonds. A.... se chargea du reste.

Comme il pouvait avoir connaissance du dossier de chaque arrivant, il relevait le nom et le domicile de ceux dont la famille paraissait avoir quelque aisance et transmettait ces renseignements à son associé. Celui-ci s'enquérait alors de la solvabilité des nouveaux venus. Informations prises, A... faisait dire à ces nouveaux venus, par l'intermédiaire du comptable de leur atelier que, moyennant leur signature, il pouvait leur avancer un peu d'argent ou leur fournir des *gourmandises*. Une offre pareille n'était jamais refusée, et, le lendemain, quand l'associé apportait du dehors la somme promise ou la commande faite, le destinataire signait un effet daté d'avant son incarcération ou post-daté si la peine était de courte durée. L'escompte était de 5o %. Jamais on ne faisait d'avances quand les renseignements étaient douteux ; on se contentait de jeter à la poste les lettres clandestines contenant des demandes d'argent. Si la somme arrivait, on en gardait la moitié ; dans le cas contraire, le quémandeur pouvait attendre sous l'orme.

Le pot aux roses ne fut découvert que quelques mois avant sa libération. Personne n'a connu le chiffre exact des bénéfices réalisés. D'aucuns prétendent qu'A..... se faisait jusqu'à 2,000 francs par an.

Il faut, paraît-il, avoir été prisonnier pour s'imaginer à quel point la claustration développe l'esprit de ruse et d'ingéniosité. N'est-ce pas, en effet, un véritable tour de force que de parvenir à soustraire au guet pénitentiaire l'or en tout temps proscrit? C'est sous la forme de pièces de 5 et de 10 francs que l'or circule cousu dans les chaussons, dans les bérets, dans les vestes, etc. Les oreilles, le nez et la bouche, « souventes fois des replis plus secrets », servent aussi de cachettes. Ici ou là, il ne se passe pas de jour qu'on n'en découvre. M. Gautier prétend même avoir connu un *cheval de retour* qui s'*infibulait* des napoléons sous la peau en manière d'injections hypodermiques.

La prison, comme le monde, a son aristocratie et son prolétariat. D'une part, écrit M. Macé [1], les escrocs raffinés et de bonne compagnie, les grands voleurs ; de l'autre, tous les prolétaires de la profession. Les premiers, presque tous de race

[1] *Un joli monde.*

urbaine, y tiennent le haut du pavé ; ils en dirigent l'enseignement mutuel. Le récit des bons tours joués à la société et la préparation de nouvelles affaires pour le jour de la délivrance donnent lieu à de récréatives causeries.

Quand les vauriens d'entre les détenus ne veulent pas être compris des profanes, ils parlent un langage mystérieux et conventionnel qu'on désigne sous le nom d'*argot des classes dangereuses*. Parler argot, cela s'appelle *dévider du jars*.

Certaines expressions d'argot sont piquantes, comiques, empreintes d'ironie ; quelques-unes sont charmantes de grâce et de naïveté ; d'autres, enfin, ont un caractère grossier et trivial, obscène et cynique.

Langue d'une société irrégulière et qui se cache, l'argot subit en prison des variations, des travestissements continuels.

Du temps de la *cour des miracles*, les *archi-suppôts* ou professeurs d'argot étaient chargés de ces changements. Plus tard, les *académies* d'argot se réfugièrent dans les bagnes. Depuis la suppression des bagnes, les maisons centrales sont devenues les *centres d'argot*.

« Il existe, écrit M. Casciani[1], des malfaiteurs

____
[1] Casciani : *L'argot*.

connus sous le nom de *poteaux* qui semblent avoir reçu la tradition du langage, qui le maintiennent et qui le perpétuent. Ils sont, comme leur nom l'indique, les soutiens de l'argot, comme l'étaient jadis les archi-suppôts. Successeurs de ceux-ci, ils sont les grands maîtres de l'*Université argotique*. Une lutte perpétuelle de ruses et de finesse se livre entre eux et la police, qui a le plus grand intérêt à posséder la clé de leur langage secret. Les modifications qu'ils font subir à la langue sont incessantes. Ils créent cependant peu de mots nouveaux ; ils remettent de préférence dans la circulation des mots qui ont vieilli, ou ils inventent des acceptions nouvelles. De là un perpétuel mouvement dans cet étrange et insaisissable langage ».

A Nimes, les vrais *poteaux* sont peu nombreux. Tout compte fait, nous n'en avons pas trouvé plus de six. Trois sont Parisiens, un seul nous vient du Centre, les deux autres sont des enfants de la *Cannebière*. Huit jours leur suffisent, disent-ils, pour initier à leur langage tous les copains qui le désirent. Et il n'est pas de recrue nouvelle, lettrée ou non, qui ne fournisse, de temps à autre, l'occasion de lancer un mot nouveau. Ces mots se colportent à la sortie, et chacun d'eux fait plus ou moins son chemin dans le monde. Certains même ont obtenu une telle vogue que leurs créateurs se sont cru d'excellentes dispositions pour les belles-lettres. Alors s'exalte la vanité de ces littérateurs de bas étage, qui, désormais tout entiers à leurs rêves de gloire, ne cessent de griffonner, en cachette, mémoires et poésies [1].

Pour qui les lit, tous ces écrits sont marqués au coin d'une orgueilleuse sottise. Presque tous, du reste, n'ont d'autre but que de glorifier des forfaits ou de traduire les passions qui agitent l'âme du prisonnier : la jalousie, la haine, la vengeance, etc.

Pour correspondre entre eux, les prisonniers emploient une écriture hiéroglyphique. Ils se servent aussi de liquides (urine, lait ou sucs végétaux, tels que sucs d'oignon, de carotte, jus d'orange, etc.) qui ne laissent aucune trace bien sensible des caractères formés par eux sur le papier et que des agents physiques ou chimiques font apparaître sous diverses couleurs.

Ces derniers moyens sont surtout connus de cette catégorie d'individus, ironiquement appelés *tantes* ou *petits Jésus* — tristes personnages dont les honteuses pratiques répugnent à la nature et à la raison.

---

[1] C'est la poésie qui est la forme la plus ordinaire des compositions des prisonniers. — Francotte ; *L'anthropologie criminelle.*

CHAPITRE VII

Les Punitions

Les punitions sont toutes infligées par le directeur dans une audience de justice disciplinaire à
laquelle assistent les principaux employés [1] de la
prison et qui est tenue, chaque matin, en un lieu
appelé *préloire*.

Les infractions sont signalées par les rapports
des gardiens ; puis, les délinquants sont appelés
et admis à fournir des explications.

Les décisions du directeur sont immédiatement
exécutées et transcrites au *bulletin de statistique
morale* du condamné.

Toute infraction au règlement expose son auteur
à être puni selon la gravité du délit :

De la privation d'école, de livres de lecture, de
visite, de correspondance ;

De l'interdiction de vivres supplémentaires ;

[1] Inspecteur et instituteur (instr. et arr. du 8 juin 1842,
art. 1 et 3).

D'une amende ;

De la mise au pain et à l'eau ;

De la salle de discipline ;

De la mise au cachot ou en cellule, soit avec travail, soit sans travail, avec remboursement des vivres consommés ;

De la camisole de force ou de la mise aux fers, en cas de violences, fureurs ou voies de fait.

Parmi ces punitions, les premières sont sans effet sur le caractère des délinquants. Les détenus s'en gaussent.

La mise au pain et à l'eau paraît avoir quelque efficacité. Mais c'est, incontestablement, la salle de discipline qui donne les meilleurs résultats ; elle est même plus redoutée que la cellule.

Depuis quatre ans, il n'a pas été fait usage du cachot.

Créée, au mois de juillet 1875, en vue de réprimer la paresse, la salle de discipline [1] peut contenir

---

[1] En 1875, la salle de discipline n'était pas telle qu'elle est aujourd'hui. Les bornes-sièges n'existaient pas Les condamnés s'asseyaient sur des bancs de 3 mètres de longueur et distants les uns des autres d'un mètre.

Toutes les deux heures, les délinquants étaient conduits au grand air, durant 30 minutes. Aux heures des repas, ils étaient mis au piquet. On leur accordait un quart d'heure pour manger leur soupe.

vingt-huit hommes. Elle renferme un nombre égal de bornes-sièges, en pierre, autour desquelles les condamnés doivent marcher environ 8 heures et demie par jour, en faisant quatre-vingt-dix pas à la minute, ce qui représente un trajet de vingt-cinq kilomètres. Chaque demi-heure de marche est suivie d'un quart-d'heure de repos.

Les bornes, dont le couronnement est en bois cerclé de fer, sont placées de telle sorte que les détenus sont assis dos à dos.

Le gardien est séparé des délinquants par un treillage en fer.

Le matin, à la descente du dortoir, tout homme puni reçoit le pain règlementaire ; la soupe est à 8 heures et demie.

En présence d'un refus de marche, et, à moins qu'il ne soit malade, le sujet indocile est mis en cellule jusqu'à ce qu'il se montre disposé à satisfaire aux exigences des règlements.

Avant 1882, le refus de marche était réprimé de la singulière façon qui suit : l'insubordonné était ficelé dans une camisole de force, puis les gardiens s'attelaient aux cordes et l'entraînaient. Le malheureux ne pouvait, sous ce bizarre accoutrement, suivre ses entraîneurs dans leur marche rapide et tombait sur le sol — cela s'appelait : *ramasser un bouchon.* Quelques coups de pied le remettaient sur ses jambes ; c'était le prix de sa maladresse.

Avant la création de la salle de discipline — indépendamment des moyens encore en usage — on apprenait à vivre aux individus récalcitrants, en les *passant à tabac*. Un gaillard solide, détenu lui-même, cognait sur eux, à coups de poing, jusqu'à soumission complète. Dans les cas, du reste fort rares, où ils ne lui prêtaient pas main-forte, les gardiens assistaient, indifférents, à ce divertissement d'un nouveau genre.

A cette époque, les détenus coupables de paresse ou d'infractions au règlement étaient enfermés, par bandes de 12 à 14, dans de grandes cellules-cachots où, jour et nuit, ils faisaient un affreux vacarme.

Destiné à réprimer les actes graves d'insubordination, le *quartier cellulaire* proprement dit est situé au Nord-Ouest de l'établissement et comprend 32 cellules, dont 7 obscures au rez-de-chaussée et 25 où la lumière pénètre abondamment. Ces dernières sont situées : 8 au premier étage, 8 au deuxième et 9 au troisième.

A l'opposé de ce bâtiment, au Nord-Est, se trouve un autre quartier cellulaire, *le quartier séparé*. On y remarque 8 cellules et un cachot noir. Parmi ces cellules, il en est deux grandes pouvant contenir jusqu'à 25 hommes et destinées, l'une à recevoir les condamnés qui arrivent dans la maison et l'autre ceux qui en sortent.

Toutes les cellules du rez-de-chaussée sont parquetées, mais mal aérées et humides et, par suite, insalubres Elles ne diffèrent les unes des autres que par leurs dimensions.

Celles du premier, du second et du troisième étage sont au contraire très saines. Construites sur un modèle à peu près uniforme, elles ont $3^m,90$ de long sur $2^m,65$ de large et $3^m,04$ de haut, ce qui représente un cube de $31^m,40$.

Les couches atmosphériques qui ont séjourné quelque temps à l'intérieur de ces petits locaux sont facilement remplacées par de l'air pur. Les fenêtres ont environ 80 centimètres de haut sur 60 centimètres de large; elles s'ouvrent à soufflet et sont munies d'un grillage en fer.

Chaque porte fermant à verrou et à clé est percée, dans son milieu, d'un petit vasistas qu'on peut fermer ou ouvrir suivant les besoins de l'hygiène ou de la surveillance.

L'escalier donnant accès aux cellules du 2e et 3e étage est en bois; en bois aussi sont les balcons qui les desservent.

Un gardien se tient au milieu du hall commun à tout ce quartier; indifférent et blasé, il n'écoute même pas les réflexions plus ou moins bizarres que la solitude suggère aux prisonniers et qui, seules, rompent par moment la monotonie du lieu. Parfois, ces réflexions sont le prélude d'une conversation qui va s'engager entre détenus.

Cette conversation *au son* s'opère, dit M. E. Gautier, « en tambourinant sur la muraille soit avec le poing, soit avec le dos d'une cuiller, le pied d'un escabeau, le talon, un caillou, n'importe quoi... Rien de plus simple, rien de plus facile. L'A vaut un coup, le B deux coups, le C trois coups, le P seize coups, le Z vingt-quatre coups. La fin de chaque mot est marquée par un roulement. Quand l'interlocuteur n'a pas compris, il le fait savoir par une batterie spéciale, et l'on en est quitte pour recommencer; en prison, le temps compte si peu !

Le procédé est lent, mais il est sûr ; au début, sans doute, on épèle, on tâtonne, on s'embrouille.... mais, avec un peu d'exercice, on arrive à acquérir une précision et une vélocité incroyables » [1].

Il est un autre moyen de communication très ingénieux et fréquemment employé à Nimes ; les détenus l'appellent le *télégraphe*. Un bout de ficelle et un corps pesant quelconque, voilà tout l'appareil. La seule difficulté consiste à se pro-

[1] *Le monde des prisons.*

curer les objets nécessaires. Or, le prisonnier ne saurait être embarrassé pour si peu — un morceau de plâtras se trouve toujours. Quant à la ficelle, l'âme du procédé, il la fabriquera lui-même en tressant des fils de couverture, s'il ne peut l'obtenir de la complaisance non désintéressée du prévôt.

Ainsi outillé, le délinquant se hisse jusqu'au grillage de sa cellule, s'y installe de son mieux, puis, déroulant au dehors sa corde en fil à plomb, il imprime au corps pesant un mouvement de balancier; ce corps, dans ses allées et venues, passe devant le grillage d'un voisin qui veille et qui le saisit. La communication établie, l'entretien commence. Pour la lettre A, la ficelle est tirée une fois; pour la lettre B, deux fois; et ainsi de suite....

Ce système a, sur le précédent, l'avantage de ne faire aucun bruit et de ne pas être connu de l'administration.

Certaines cellules ont un lit de camp. Le lit des autres est en fer avec un fond de feuillard. Fixé au mur, le lit peut se relever ou s'abaisser. La nuit, on accorde aux coupables tout ou partie des fournitures réglementaires.

Une carafe en fer blanc occupe un des angles de la cellule. Dans un autre coin, se trouve un seau de tôle, portatif, muni d'un couvercle en bois et contenant de l'eau fortement chlorurée.

C'est l'ami indispensable de la propreté. Un prévôt est chargé de son entretien.

Ici, comme ailleurs, le prévôt sert d'intermédiaire entre le coupable et la *porte* ; et, s'il est des prisonniers à qui tout fait défaut, il en est d'autres, et, c'est le plus grand nombre, à qui rien ne manque.

En opérant des changements de cellule, on a trouvé sur certains détenus jusqu'à dix paquets de tabac et plusieurs pièces en or. Paquets et pièces étaient confisqués, mais, le lendemain, dans le logement nouveau, l'or et le tabac avaient reparu. Toutes les précautions prises sont restées inutiles. Tel gardien remet lui-même, sans le savoir, aux condamnés. des objets que le prévôt a cachés dans le pain qui leur est destiné.

Un certain nombre de détenus préfèrent la cellule à l'atelier ; ils n'y sont pas, disent-ils. continuellement épiés par le *gaffe* (gardien). Des journées entières s'y passent : tantôt, à jouer avec des mouches, aux pattes desquelles on a attaché des fils de pantalon ; tantôt, à regarder une araignée qui tisse une toile ; tantôt, enfin, à crayonner sur les murs des images grossières et obscènes à côté de déclarations d'amour inavouables et « *d'hymnes dithyrambiques* » à l'adresse des « *illustrations* » de céans. Il va sans dire que l'onanisme y est aussi un passe-temps.

Le directeur peut, de son propre chef, infliger jusqu'à trois mois de cellule. A la fin de chaque mois, il est envoyé au Ministre de l'Intérieur, par voie hiérarchique, un état — état des cellules, — où figurent le nom de tous les hommes punis, la durée et les motifs des punitions prononcées.

Tout individu puni de cellule ou de cachot reçoit tous les matins, un pain de 700 gram. et une soupe tous les trois jours. Si la punition dépasse un mois, soupe le matin et pitance le soir, avec pain réglementaire, bien entendu. On n'a recours aux punitions alimentaires ou à la suppression de la ration d'eau que pour ne pas être forcé de s'adresser, dans l'intérêt de la répression, aux châtiments corporels anciennement en usage.

Ces châtiments, qu'ils s'appellent *cangue*, *pilon*, *fouet* ou *bastonnade*, le progrès des mœurs les a fait disparaître.

Ils étaient dégradants pour l'humanité.

La *cangue* était une sorte de carcan formé de deux pièces de bois très pesantes et échancrées au milieu, qu'on réunissait après y avoir introduit le cou du condamné.

Le malheureux puni du *pilon* était ficelé contre une planche fixée au mur, et laissé ainsi pendant plusieurs jours de suite, la nuit exceptée, avec une demi-heure de repos, matin et soir.

Le *fouet* et la *bastonnade* [1] consistaient à cingler à coups de lanières en cuir ou de cordes goudronnées les reins nus du coupable. Il en résultait des souffrances cruelles. En un instant, la chair se gonflait, se déchirait, et une rigole sanglante se creusait sous les coups.

Actuellement encore, il est fait usage, quelquefois, de la *camisole de force* et *des fers* ; c'est lorsque les détenus se trouvent dans un des cas prévus par l'article 614 du Code d'nstruction criminelle ; mais la camisole de force et les fers ne sont employés que comme mesure de précaution et non comme aggravation de punition. On les retire lorsque cesse la période de fureur ou de danger.

La loi, dans l'article 614, emploie les mots «resserrer étroitement» pour désigner la mise en cellule ou au cachot.

La *camisole de force* est une sorte de gilet en

---

[1] Supprimés, du moins légalement, comme peines, en 1792, ces deux modes de châtiment furent appliqués en France, comme moyens de correction, dans les maisons centrales, jusqu'en 1848. Ils subsistent encore aujourd'hui dans la plupart des pays de l'Europe : La Turquie a la bastonnade ; l'Espagne le fouet ; la schlague et le knout font partie de la discipline militaire des Allemands et des Russes ; l'Angleterre fait passer ses soldats et ses marins par la garcette et le bâton.

toile fermant sur le dos, dont les manches sont assez longues pour être attachées ensemble.

Les *menottes* sont formées par deux demi-cercles en fer, fixes d'une part et mobiles de l'autre sur une tige métallique, à l'extrémité de laquelle se trouve un écrou percé en hélice, destiné à recevoir une vis qui, en rapprochant les anneaux, emprisonne les poignets.

Sauf le cas d'absolue nécessité, les menottes sont toujours enlevées la nuit.

Les *entraves* comportent une chaîne aux deux extrémités de laquelle est placé un lien en fer.

La *barre de justice* est une barre métallique glissant à la partie postérieure de deux anneaux, en forme de fer à cheval, qu'on fixe aux chevilles.

Quant aux *boulets* [1], espèces de corps ronds pesant 10 kilogr. et qu'on attachait aux chevilles, nous ne les avons jamais vu employer.

Bien que tous ces moyens coercitifs ne soient pas d'application courante, il est à remarquer qu'en présence des éléments tout à fait hétérogènes de la population de la Maison centrale de Nîmes, Corses, Italiens, Arabes, etc, tous individus de mœurs, de religion, d'habitudes différentes, on est parfois contraint d'y recourir. Les néces-

[1] C'est à Louis XI qu'est due leur invention ; on les appelait, au dire de Commines, les *fillettes* du roi.

sités de la discipline et la sauvegarde du principe d'autorité, *sans dominer les questions d'humanité*, doivent toujours être prises en très sérieuse considération et entrer en ligne de compte.

Les malfaiteurs dangereux se moquent même du cachot. Il est vrai que ce dernier n'a rien conservé des barbaries d'antan. Il est parqueté et son mobilier est identique à celui des cellules; malheureusement, situé au rez-de-chaussée, il prend jour à travers les épaisses murailles des remparts par une cheminée tellement étroite que non seulement la lumière, mais même l'air y font défaut. Puis, il est humide, et, comme à la faveur de l'humidité, les particules organiques projetées dans l'air par les poumons et par la peau se putréfient, l'atmosphère d'un pareil local est toujours nauséabonde; les malheureux qui y séjournent la trouvent oppressive. En empêchant l'hématose, elle déprime la vitalité et ouvre la porte à toutes les influences nuisibles. Nombre de condamnés ont contracté là les germes de la phtisie.

Nuire à la constitution, ce n'est pas corriger. La solution du problème de l'amendement est plutôt dans l'action commune de la raison et des bons procédés sur le moral du coupable.

Le tableau ci-après indique les crimes et délits commis, pendant la détention, dans l'intérieur de l'établissement, du 1er janvier 1885 au 31 décembre 1894.

CRIMES ET DÉLITS	1885	1886	1887	1888	1889	1890	1891	1892	1893	1894
Tentatives d'incendie...	»	1	2	1	»	2	»	»	»	»
Tentatives d'assassinat sur des co-détenus...	1	»	»	1	1	»	»	»	1	1
Coups et blessures à un gardien...	1	»	»	»	1	1	»	»	»	»
Violences et voies de fait envers le personnel de garde...	1	2	»	2	1	2	»	1	1	1
Coups et blessures envers des co-détenus...	4	3	1	2	»	4	1	2	2	3
Violences et voies de fait envers le personnel supérieur...	»	»	»	»	»	»	»	»	»	»
Voies de fait envers les contre-maîtres libres...	»	»	»	»	»	»	»	»	»	1

Ces crimes et délits ont entraîné cinq condamnations à l'emprisonnement : une, pour tentative d'assassinat sur un co-détenu, en 1885 ;

Deux, pour coups et blessures à un gardien — l'une en 1885, l'autre en 1889 ;

Une, pour tentative d'incendie, en 1888 ;

Une, pour voies de fait envers un contre-maître libre, en 1894.

Le nombre des infractions relevant de la justice disciplinaire a été pendant cette même période de 1885-1894 :

INFRACTIONS	1885	1886	1887	1888	1889	1890	1891	1892	1893	1894
Larcins.................	47	32	17	41	47	27	32	35	12	22
Voies de fait envers le personnel supérieur................	»	»	»	»	»	»	»	»	»	»
Voies de fait envers les agents de surveillance............	1	2	»	2	1	2	»	1	1	1
Voies de fait envers les co-détenus.................	436	297	240	153	396	265	283	345	196	339
Rébellion, mutineries.........	258	154	200	73	528	87	68	63	90	179
Actes d'immoralité...........	22	35	27	10	57	42	35	47	94	21
Infraction au silence.........	3653	2487	188	937	652	871	958	1035	2346	2135
Refus de travail............	185	183	173	125	97	195	218	343	99	374
Paresse et négligence dans le travail................	83	215	320	85	136	357	369	295	96	370
Usage de tabac............	220	256	695	74	388	168	175	182	175	91
Jeux, trafic, possession d'objets prohibés................	660	575	34	9	48	215	197	229	360	295
Infractions diverses..........	2116	2548	932	157	356	696	717	756	337	223

Les punitions subies ont été les suivantes :

PUNITIONS	1885	1886	1887	1888	1889	1890	1891	1892	1893	1894
Cellules et cachot.......	256	194	85	12	69	90	86	277	230	224
Salle de discipline.......	1255	875	1413	380	247	255	21	478	483	317
Pain sec..............	1896	762	300	50	85	80	41	471	171	57
Autres privations aliment.	592	1055	160	265	768	1166	1350	494	1286	474
Amendes.............	816	778	852	137	456	563	968	798	892	439
Autres punitions...	603	786	21	182	567	519	399	306	148	399
Réprimandes..........	2228	2319	133	158	128	134	177	467	595	1176
Mise aux fers..........	29	9	36	7	2	4	3	1	5	4
Camisole de force.......	5	4	9	5	3	5	4	6	2	»

Voici maintenant le détail des journées de cellule et de salle de discipline :

	1885	1886	1887	1888	1889
Journées de cellule.	12051	11592	8988	1607	2442
Journées de salle de discipline........	9841	9734	9899	8222	4447

	1890	1891	1892	1893	1894
Journées de cellule.	3021	2442	9131	8360	6762
Journées de salle de discipline........	1992	1044	2951	3047	3799

Les évasions pendant cette même période de temps ont été au nombre de deux ; elles n'ont pas été suivies de réintégration.

Depuis l'année 1887, époque à laquelle elles ont eu lieu, aucun détenu n'a tenté de s'évader.

CHAPITRE VIII

Le service de santé.

Une sonnerie spéciale annonce, chaque matin,
à 8 heures, l'arrivée du *loubi ;* c'est ainsi qu'en
argot on désigne le docteur.

Les détenus qui se sont fait porter malades
sont conduits dans une salle, dite de *consultation.*

Une table, deux chaises, une cuvette, un pot à
eau représentent tout le mobilier de cette pièce
dont les murs, badigeonnés à la chaux, suent
constamment l'humidité.

Un à un défilent les condamnés.

Sur vingt détenus qui se présentent, il en est
une bonne moitié pour qui l'unique désir est d'obtenir un peu de tisane, des frictions à l'alcool
camphré, un pansement pour les dents, etc. Peu
leur importe, du reste, la décision du médecin. Ils
sont venus à la visite : les uns, pour voir un ami ;
les autres, pour assister au marché du *perlot* (tabac). Un signe, un geste, un regard, quelques
mots à voix basse font connaître le prix et l'abon-

dance de cette denrée, et, lorsque vendeurs et acheteurs ont fixé les conditions de la vente (presque toujours de 5 à 6 francs le *carré*, 5 à 15 centimes la *sèche*), rendez-vous est pris pour le soir ; — c'est alors que s'effectue l'échange.

Parmi l'autre moitié, il en est à peine deux ou trois de réellement malades. L'expression extérieure de souffrance vraie signale ces derniers à l'attention du médecin. Si sommaire que soit l'examen auquel ils sont soumis, un œil exercé les distingue aisément.

A en juger par leurs plaintes bruyantes, les autres seraient à l'article de la mort — affaissement général, larmes dans les yeux, trémolos dans la voix, mouchoir noué autour de la tête, etc. — rien ne manque pour inspirer la pitié. Ceux-là sont des paresseux qui voudraient s'octroyer quelques jours de repos, ou qui, n'ayant fourni qu'une tâche insuffisante, espèrent échapper ainsi aux rigueurs des règlements. Aussi, n'est-il pas de trucs qu'ils n'imaginent pour *rouler* le docteur.

Ils savent qu'un corps étranger, une paille, par exemple, introduite sous la peau des doigts, procure des tournioles, qu'une bonne ligature aux cuisses entraîne un œdème volumineux des pieds. Ils n'ignorent pas non plus qu'une infusion de laurier-rose ralentit les battements du cœur, qu'une cigarette trempée dans l'huile salit la lan-

gue et agite le pouls. Pour simuler une hémop-
tysie, le pseudo-malade avalera de la fuchsine im-
pure ; c'est au chlorure de chaux qu'il aura
recours lorsqu'il voudra se donner une conjonc-
tivite. Le fameux Dar..... pissait le sang à volonté ;
à cet effet, il s'introduisait dans le canal une
mince tige de jonc pour en déchirer la muqueuse.

Malheureusement, tous ces bons tours sont
connus du médecin ; l'isolement et la diète suffisent pour empêcher un entassement à l'infirmerie.

Après la consultation, suivant la prescription du
docteur, le détenu est renvoyé à l'atelier, admis
au repos ou à l'infirmerie.

Les hommes admis au repos portent leurs
effets de literie dans une salle spéciale où ils restent enfermés et au lit, sous la surveillance d'un
prévôt, jusqu'à la consultation du lendemain.

Quant à ceux qui sont atteints de blessures légères, porteurs de plaies, etc., mais non dans
l'impossibilité de travailler, tous les soirs, à heure
fixe et pendant le nombre de jours déterminé par
le médecin, il leur est fait le pansement prescrit.
Les médicaments internes leur sont délivrés par
le gardien infirmier-major, et c'est en sa présence
qu'ils les prennent.

Lorsqu'un homme est admis à l'infirmerie, il

est inscrit sur le registre des entrées; on le fouille, puis on lui fait échanger ses sabots contre une paire de sandales, et le gardien infirmier-major lui remet une capote en droguet. Aucune autre modification n'est apportée au costume réglementaire.

Conduit dans la salle qui lui a été désignée, le malade se déshabille et se couche.

Le lit des malades est fort bon. Il comprend : une paillasse, un matelas, un traversin, un oreiller de plumes avec sa taie, une paire de draps, deux couvertures en laine et une couchette en fer.

En cas de décès, la paille des paillasses est renouvelée, le matelas est rebattu ainsi que le traversin, la laine et le crin sont exposés à l'air ou à des fumigations, les draps et les couvertures passés à la lessive ou envoyés à l'étuve. Parfois même, la literie entière est jetée au feu.

A chaque lit, il est joint une table de nuit, une descente de lit, une chaise de paille et certains objets mobiliers de toute nécessité, tels que planchette d'infirmerie, pot à tisane, gobelet en étain, etc.

Une étiquette, fixée sur un carré de carton accroché au mur, donne le nom du malade, son numéro d'écrou et la date de son entrée.

Les salles sont au nombre de deux et contiennent chacune 3o lits. Ici, toutes les affections appartenant au domaine de la médecine ; là, toutes les maladies d'ordre chirurgical.

Entre ces salles, et, dans le sens de la longueur, chemine un petit couloir que borde, de part et d'autre, une cloison en briques, à hauteur d'homme.

Deux poêles en faïence, jamais éteints pendant l'hiver, mais d'une insuffisance notoire comme moyen de chauffage, meublent cet étroit passage.

Cinq fenêtres au nord et cinq au midi éclairent et aèrent ce vaste local, dont le parquet est tenu constamment avec une grande propreté et dont les murs élevés sont badigeonnés à la chaux, au moins une fois par an.

Bien qu'elles ne soient ni larges, ni hautes, ces ouvertures — opposées deux à deux — suffisent largement à l'aération des deux salles dont les dimensions intérieures, tous les lits fussent-ils occupés, n'en assureraient pas moins à chaque malade le *cube de place* qu'il convient.

A côté — à l'est et à l'ouest de ces deux salles — se trouvent, en tout, cinq chambres d'isolement fermant au verrou. A quelques exceptions près, on n'y soigne que les détenus atteints de maladie contagieuse.

Ces chambres, indépendamment des précautions prises, soit pour y cantonner tous les germes infectieux, soit pour empêcher leur pullulation, sont, aussi souvent que cela paraît nécessaire, purifiées au moyen de vapeurs soufrées. Infirmiers et peintres en nettoient ensuite le parquet et les murs.

La visite réglementaire a lieu, le matin, à 8 heures et demie. Elle est faite par un docteur en médecine assisté d'un pharmacien qui tient le cahier de visite.

Le médecin est chargé du traitement de toutes les maladies, soit internes, soit externes ; néanmoins, toutes les fois qu'il s'agit d'une opération chirurgicale de nature à entraîner la perte d'un membre ou la mort, cette opération, il ne peut la pratiquer sans que la nécessité en ait été reconnue à la suite d'une consultation avec un chirurgien de la ville.

Des infirmiers, pris parmi les condamnés et désignés par l'administration, sont chargés des pansements. Pour la plupart, inhabiles, négligents, vicieux, ces hommes ne donnent au médecin, en temps ordinaire, qu'une satisfaction médiocre. Mais, vienne une épidémie ! ils accomplissent froidement et consciencieusement leurs devoirs.

Immédiatement après la visite, a lieu le déjeuner des malades. Puis, les détenus en état de se lever sont conduits dans un vaste jardin, où de grands arbres, des fleurs, un air toujours pur, le chant des oiseaux, le bruissement de l'eau qui coule, donnent l'illusion de la liberté. Les convalescents se promènent, causent entre eux. A trois heures et demie — plus tôt, si des raisons de santé l'exigent — ils regagnent leur salle.

C'est à quatre heures qu'est servi le repas du soir.

Le régime alimentaire de l'infirmerie comprend 6 degrés : la *ration entière*, les *trois quarts de ration*, la *demi-ration*, le *quart de ration*, la *soupe* et la *diète de pain*.

La *ration entière* se compose, soit d'aliments gras, soit d'aliments maigres. Dans les deux cas, la portion de pain [1] de table afférente à cette ration est égale à 500 gram. et celle du pain de soupe à 100 gram.

La ration entière (régime gras) est représentée par 200 gram. de viande de bœuf [2], cuite et sans os, et 30 gram. de légumes cuits, le tout ayant

---

[1] Le pain des malades est composé de farine de pur froment blutée. Il n'est distribué que 24 heures après la cuisson.

[2] Il ne sera fourni que du bœuf ou de la vache de bonne qualité à moins que le Préfet, sur le rapport du médecin de la maison et sur l'avis du directeur, ne juge préférable d'autoriser les fournitures du veau et du mouton jusqu'à concurrence d'un tiers. (Cahier des charges. — Instruct. ministérielles, 1875.)

9

servi à la préparation du bouillon (800 gram. environ).

Le bouillon est donné aux malades à la dose de 400 gram. à chaque repas et sert à faire la soupe au pain. Le dimanche et le jeudi, le pain de soupe est remplacé par du vermicelle.

Quand il est fait usage du régime maigre, le bouillon est préparé, pour un litre, avec : 85 gram. de légumes frais et 18 gram. de beurre. Les malades à la portion reçoivent alors, soit 250 gram. de légumes verts ou de pommes de terre, soit 120 gram. de légumes secs en purée, et 10 gram. d'oseille — convenablement assaisonnés et cuits.

Les *trois quarts de ration* comprennent : 450 gram. de pain de table, 80 gram. de pain de soupe, 600 gram. de bouillon, et, suivant que le régime est gras ou maigre, 130 gram. de viande bouillie, ou 250 gram. de légumes, dont 60 pour la soupe et 190 pour la pitance.

La *demi-ration* comprend : (en régime gras), 400 gram. de pain de table, 60 gram. de pain de soupe et 100 gram. de viande cuite ; (en régime maigre), la même quantité de pain avec 250 gram. de légumes verts ou pommes de terre, ou 120 gram. de légumes secs en purée, et 10 gram. d'oseille.

Le *quart de ration* comprend : (en régime gras), 250 gram. de pain de table, 60 gram. de pain de soupe avec 60 gram. de viande cuite ; (en régime maigre), 250 gram. de pain de table, 60 gram. de pain de soupe avec une quantité de légumes équivalente à celle de la demi-ration maigre.

Toutefois, lorsqu'il s'agit de la *demi-ration* et du *quart de ration*, des aliments gras ou maigres, autres que ceux du régime ordinaire — côtelettes, bifteack, poisson, volaille, légumes frais, pruneaux, fruits cuits, etc., au choix du docteur — sont exceptionnellement fournis par l'administration.

Malheureusement, ces prescriptions désignées sous le nom de *régime particulier* ne peuvent s'appliquer à plus d'un cinquième des malades. Encore faut-il que la dépense occasionnée par ce régime ne dépasse pas la valeur du régime ordinaire de l'infirmerie.

La *soupe* est représentée, comme ration, par le nombre de soupes prescrites par le médecin.

Chaque soupe se compose de 40 centil. de bouillon avec 50 gram. de pain et 30 gram. de légumes.

Le bouillon des soupes s'obtient par la cuisson de 400 gram. de viande crue avec 60 gram. de légumes pour un litre de bouillon.

La *diète de pain* ne comporte que des boissons alimentaires (lait, bouillon).

L'administration se conforme pour la quantité aux prescriptions du médecin.

Un malade est à la *diète absolue* quand il ne reçoit aucun aliment, ni bouillon, ni aucune espèce de boissons alimentaires.

Sauf de rares exceptions, la diète absolue ne trouve presque jamais son indication clinique.

Grâce à la bonne installation et à la situation de la cuisine, au rez-de-chaussée, à deux pas du jardin, le service de la distribution des vivres n'est ni long, ni laborieux. Les malades ne sont donc pas exposés à recevoir froids les mets qui leur sont destinés. Malheureusement, ici encore, la qualité des matières premières, et surtout leur préparation, laissent à désirer. Malgré la modicité des prix accordés aux fournisseurs et malgré l'ignorance que les *maîtres queux* pénitentiaires ont de l'art culinaire, la nourriture pourrait être meilleure.

Et puis, alors que, seules, les viandes rôties ou grillées conviennent aux malades, n'est-il pas regrettable qu'on soit obligé d'avoir le plus souvent recours à de la viande bouillie, qui a abandonné à l'eau, dans laquelle s'est opérée sa coction, une grande partie de ses principes sapides et peptogènes ? Trop faible du reste est la ration de viande, elle ne répond pas aux besoins du plus grand nombre des malades.

Néanmoins, il ne faut pas trop se plaindre, dans bon nombre d'hôpitaux, la nourriture n'est ni plus abondante, ni meilleure.

En dehors des boissons médicamenteuses ou tisanes, le vin rouge est la boisson ordinaire des convalescents, qui en reçoivent 20, 30, ou 40 centil.

Cette quantité peut être considérée comme suffisante étant donné qu'en prescrivant de l'eau vineuse comme tisane, le médecin a en main le moyen de satisfaire à toutes les indications qu'il rencontre.

Le vin est de la dernière récolte et de bonne qualité.

Ce n'est qu'exceptionnellement que la bière est indiquée comme boisson pour les repas. La bière est plutôt une boisson médicamenteuse.

Quant au lait, il n'est jamais réuni comme boisson à des aliments variés. Ce serait faire, dit Fonssagrives [1], une association bizarre et il faudrait des estomacs privilégiés pour ne pas en souffrir.

Le lait ne peut être administré concurremment avec du pain et de la viande qu'à la dose de 250 gram. et en potion.

Le pharmacien doit se conformer au Codex pour les préparations officinales et aux prescriptions du médecin pour les préparations magistrales.

Quand le médecin veut faire usage de médicaments nouveaux, il en fait la demande à l'administration et en démontre l'utilité.

---

[1] Hygiène alimentaire.

Seules, les eaux minérales et les spécialités ne font pas partie de la thérapeutique des prisons.

C'est quelquefois embarrassant.

Malgré tout ce qu'on a dit contre les spécialités, il y en a certaines qu'il est difficile de remplacer par des médicaments ordinaires.

De même, l'emploi des médicaments ordinaires ne peut pas toujours suppléer à l'action des eaux minérales. D'autre part, on comprend fort bien qu'en raison des nécessités budgétaires, l'administration veuille s'en tenir exclusivement aux ressources du Codex.

Voici maintenant ce qui se passe lorsque un malade est mort.

Le défunt est laissé sur le lit et dans la salle qu'il occupait de son vivant. Les infirmiers lui jettent un drap sur la figure. Au bout de deux heures, le cadavre est descendu sur un brancard à la chambre mortuaire, où on l'étend sur une dalle de zinc.

Cette chambre s'ouvre sur le jardin.

Conformément aux instructions ministérielles, la famille est prévenue.

Après 24 heures, le médecin peut procéder à l'autopsie.

Les autopsies sont faites dans tous les cas de mort subite, de mort par accident, par suicide ou meurtre, et, en outre, toutes les fois qu'elles ont un intérêt scientifique, en raison de la nature épidémique ou endémique de la maladie, ou de tout autre circonstance.

Les résultats des autopsies sont consignés dans le *bulletin individuel statistique* et *médical* du condamné.

Quand l'autopsie n'a pas lieu et que le corps n'est pas réclamé, le cadavre est mis en bière et expédié sur une charrette à la Faculté de Médecine de Montpellier.

Mais il suffit que, pendant sa maladie, le décédé ait manifesté le désir d'être inhumé à Nimes pour qu'il soit fait droit à ses dernières volontés.

Avant de quitter la maison, le cercueil est porté à la chapelle ou au temple et le prêtre ou le pasteur récite les prières consacrées, en présence des camarades d'atelier du défunt.

Du 1er novembre 1887 au 1er août 1895 [1], 3,375 malades sont entrés à l'infirmerie 3,257 en, sont sortis et 145 y sont morts. C'est donc un véritable champ d'études qui nous a été ouvert là, et nous aurons toujours à cœur de nous rappeler l'homme illustre à qui nous le devons.

---

[1] Au 1er novembre 1887, époque à laquelle nous avons été chargé du service de santé de la maison centrale, 1e nombre des malades était de 38.

Au 1er août 1895, il était de 11.

Toutes proportions gardées, les maladies sont plus fréquentes et les décès plus nombreux dans la maison centrale que dans la ville.

Un pareil fait n'a pas lieu de surprendre.

La plupart de ceux qui ont maille à partir avec la justice ne sont pas, on le sait, doués, dans leur ensemble du moins, d'une vigueur physique notable. Certains même arrivent en prison complètement épuisés par les privations antérieures, par les excès alcooliques ou génitaux et par la syphilis. Quoi d'étonnant alors que la privation du grand jour et du mouvement, les regrets de la vie libre, une nourriture tout juste suffisante, les vices solitaires, les punitions, etc., altèrent profondément la santé !

Les conséquences malsaines, qu'entraîne infailliblement toute agglomération humaine, parquée en quelque sorte dans des locaux mal disposés, mal aérés ou trop exigus, complètent la gamme étiologique du plus grand nombre des maladies des prisonniers.

Il est bien permis de croire que la constitution de quelques individus puisse s'améliorer sous l'influence d'une vie plus calme, d'un régime plus égal et de la privation des moyens de débauche, mais, généralement, l'action dépressive l'emporte. C'est cette action dépressive qui maintient les coupables dans un état latent de maladie et qui finit par leur donner, à la longue, tous les caractères d'un type commun : « le teint blême, les chairs flasques et l'habitude des constitutions lymphatiques[1] ».

Toutes les maladies qui frappent d'ordinaire la population libre de la ville se retrouvent dans la maison centrale; mais il en est deux qui se montrent en prison plus fréquemment qu'ailleurs. Ce sont la phtisie et la scrofule.

Ces affections, à parenté étroite, et le plus souvent d'origine héréditaire, s'aggravent rapidement ici, si bien que tout phtisique traîne misérablement son existence, et qu'il n'est pas de scrofuleux qui ne finisse par tomber en consomption. Telle est, du reste, la destinée réservée à tout prisonnier atteint d'une maladie chronique quelconque, s'il est condamné à une longue peine.

Fréquente aussi est la pneumonie.

Dans les infirmeries pénitentiaires, cette maladie est particulièrement grave. Son évolution y est très rapide.

---

[1] Coindet; *Observations sur l'hygiène des condamnés détenus à la prison de Genève (Annales d'hygiène publique et de médecine légale, 1839.)*

Pareille remarque s'applique à toutes les maladies aiguës. Ainsi que l'indique Chassinat, ces dernières sont aux maladies chroniques dans le rapport de 1 à 4.

Notons, chose bizarre, que la syphilis, maladie dont 20 % des condamnés sont tributaires, ne donne pas lieu à des accidents graves [1]. Pourtant, s'il est des syphilitiques qui ne se soignent pas, ce sont bien les recrues de la maison centrale.

Comment donc se fait-il qu'ils aient si peu à se plaindre de cette maladie, eux qui devraient être le plus gravement atteints? Faut-il chercher la raison de ce fait dans la vie tranquille et calme de la prison? Cette anomalie ne s'expliquerait-elle pas, plutôt, par une sorte de syphilisation ances-trale ayant, à la longue et progressivement, atté-nué l'action du virus?

Les maladies nerveuses sont assez rares dans l'établissement. Elles frappent surtout les hommes condamnés pour attentats à la pudeur ou pour viol. Il ne peut guère en être autrement, le crime sexuel étant le plus ordinairement la conséquence d'une impulsion maladive.

Sur 22 condamnés ayant présenté, depuis 1885, des signes manifestes d'aliénation mentale, l'un était complètement fou lors de son entrée dans la

---

[1] M. E. Laurent a constaté le même fait dans son étude d'hygiène pénitentiaire : *Les maladies des prisonniers.*

maison, les autres avaient les facultés intellec-
tuelles déjà fort ébranlées. Chez ces derniers,
l'emprisonnement paraît avoir été la goutte d'eau
qui a fait déborder le vase.

Quant aux simulateurs, tous se sont trahis par
l'exagération même de leurs divagations et de
leurs prétendues hallucinations. C'est, qu'en effet,
chaque forme d'aliénation comporte des troubles
psychiques particuliers, parmi lesquels, si habile
qu'on soit à jouer la comédie de la folie, il en est
certains qu'on ne simule pas facilement, tels :
l'anesthésie, le ralentissement du pouls, de la res-
piration, la fièvre ou l'abaissement de la température, les tremblements, etc.

En ce qui concerne les maladies épidémiques,
mentionnons, comme ayant sévi sur la population prisonnière — dans la période de 1873 à
1895, — le choléra en 1873 (20 cas, dit-on, dont
5 décès), la variole en 1885, 1888, 1892 (en tout
33 cas, dont 1 décès), et la grippe en 1890-1891.
Cette dernière maladie obligea l'administration à
faire placer des lits dans le local de l'école momentanément transformée en infirmerie ; 204 détenus
en furent atteints.

Bien qu'à cette époque elle n'ait occasionné
qu'un seul décès, la grippe a laissé dans la population prisonnière des traces marquées de son
passage. Jeunes et vieux, forts et faibles, tout le

monde s'en est ressenti. Depuis lors, tous les hivers, au moindre froid humide, cette maladie s'attache obstinément à ceux qui ont eu le plus à en souffrir.

Dix-neuf fois sur vingt, quand une affection contagieuse éclate dans la prison, c'est un entrant qui l'y apporte. C'est ainsi qu'à diverses reprises, dans les débuts de sa création, la maison centrale fut le lieu d'origine de certaines épidémies qui régnèrent dans la ville.

Généralement, c'est le contraire qui se produit.

Dans quelques cas, fort rares, il faut le reconnaître, les épidémies qui éclatent dans la population libre s'arrêtent au seuil de la prison.

Depuis dix ans, il n'a été constaté dans l'établissement qu'un seul décès par suicide. Et encore, l'infortuné qui se pendit ne songeait nullement à se donner la mort, il voulait se rendre intéressant.

A part quelques tentatives de suicide, qui témoignent d'un épuisement cérébral notable, les détenus ne s'adressent aux divers moyens en usage — couteau, corde ou poison — que pour attirer sur eux la bienveillance de l'administration.

Depuis 1824, la mortalité a bien diminué dans la maison centrale de Nîmes.

La moyenne annuelle des décès enregistrés de 1825 à 1839 était de 78 décès par mille détenus.

Durant la période de 1839 à 1842, il mourut en moyenne 102 condamnés par mille [1].

De 1842 à 1855, la proportion des décès fut de 56 décès par mille détenus.

De 1855 à 1865, le taux moyen de la mortalité descendit à 33,28 %₀₀.

De 1865 à 1875, on trouve une moyenne de 35,9 décès par mille hommes.

De 1875 à 1885, le chiffre des décès est de 38,1 %₀₀.

De 1885 à 1895, ce chiffre est tombé à 25,1 %₀₀.

L'importance donnée à l'hygiène dans les prisons, et les adoucissements nombreux apportés à la peine, concourent à expliquer ces différences de mortalité. Et puis, les données étiologiques récentes, relatives à bon nombre de maladies, n'ont-elles pas fait naître une thérapeutique plus rationnelle et, partant, plus efficace ?

Voici, groupés en un tableau, les maladies et décès constatés, dans la maison centrale, du 1ᵉʳ janvier 1885 au 31 décembre 1894.

[1] Dᵣ de Castelnau; *Du système pénitentiaire*, 1845.

NATURE DES MALADIES

ANNÉES

Nature des maladies	1885 Mal.	1885 Déc.	1886 Mal.	1886 Déc.	1887 Mal.	1887 Déc.	1888 Mal.	1888 Déc.	1889 Mal.	1889 Déc.	1890 Mal.	1890 Déc.	1891 Mal.	1891 Déc.	1892 Mal.	1892 Déc.	1893 Mal.	1893 Déc.	1894 Mal.	1894 Déc.
Population moyenne	1113		1079		1004		887		743		692		653		632		696		738	
Appareil circulatoire — 1° Maladies du cœur et du péricarde	5	2	1	1	8	3	6	2	2	1	2	1	3	»	12	3	7	2	18	1
2° Maladies des artères et des veines	2	»	3	»	5	»	4	»	1	»	1	»	1	»	86	»	»	»	3	»
Appareil respiratoire — 3° Pneumonies, pleurésies, etc.	25	1	15	5	27	1	30	1	33	»	27	1	24	3	43	»	9	1	20	»
4° Maladies des bronches, du larynx, etc.	15	4	10	3	15	5	45	8	18	2	147	1	137	»	9	2	79	1	14	1
5° Phtisie pulmonaire	43	14	21	8	33	12	28	3	69	8	21	3	23	7	22	12	30	5	26	8
Appareil digestif et annexes — 6° Angines	15	»	5	»	12	»	7	»	12	»	2	»	5	»	21	»	20	»	13	»
7° Indigestions	5	3	4	1	10	2	10	1	64	»	9	1	5	»	4	»	16	»	3	»
8° Gastrites, entérites, diarrhées, etc.	1	»	9	»	8	»	35	»	10	»	53	»	28	2	4	»	17	3	28	»
9° Péritonites	1	»	3	»	2	»	5	»	1	1	»	»	»	»	»	»	2	»	2	»
10° Maladies du foie, des voies biliaires et de la rate	8	»	7	»	»	»	8	»	9	»	4	»	3	»	»	»	»	»	»	»
Appareil génito-urinaire — 11° Maladies des voies urinaires	15	»	2	»	10	»	12	»	10	»	2	»	5	»	3	»	3	»	1	»
12° Maladies des organes génitaux	3	»	1	»	5	»	1	»	»	»	»	»	»	»	3	1	»	»	»	»
Appareil cérébro-spinal et nerveux — 13° Maladies du cerveau, de la moelle, des méninges	4	1	6	1	10	»	9	2	4	1	3	1	3	1	»	»	3	1	1	»
14° Névralgies	»	»	»	»	1	»	4	»	2	»	3	»	1	»	»	»	»	»	»	»
15° Névroses	»	»	»	»	2	»	1	»	»	»	1	»	1	»	»	»	»	»	»	»
16° Épilepsie	1	»	»	»	1	»	»	»	1	»	1	»	»	»	»	»	»	»	»	»
17° Folie	»	»	»	»	1	»	»	»	»	»	1	»	»	»	»	»	4	»	2	»
18° Idiotie	»	»	»	»	»	»	»	»	2	»	1	»	»	»	10	»	»	»	»	»
Appareil des sens, de la peau et du tissu cellulaire — 19° Maladies des yeux	2	»	3	»	»	»	»	»	24	»	»	»	»	»	22	»	16	»	9	»
20° Maladies du nez, des oreilles, de la bouche	»	»	20	»	15	»	25	»	21	»	9	»	3	»	3	»	11	»	»	»
21° Abcès, furoncles, ulcères, etc.	54	»	10	1	27	2	30	»	29	2	31	»	16	1	4	»	23	»	39	3
22° Érysipèles	»	»	»	»	»	»	5	»	9	»	4	»	3	»	1	»	1	»	3	»
23° Maladies diverses de la peau	»	»	»	»	»	»	5	»	35	»	6	»	5	1	4	»	4	»	1	»
Appareil locomoteur — 24° Rhumatismes	»	»	»	»	8	»	15	»	20	»	5	»	3	»	1	»	4	»	9	»
25° Rhumatismes articulaires	2	»	5	»	1	»	3	»	»	»	»	»	»	»	1	»	3	»	»	»
26° Arthrites, caries, névroses, etc.	16	2	35	»	11	»	17	»	2	1	7	1	»	»	10	»	»	»	»	»
Appareil sécrétoire — 27° Hydropisies diverses	»	»	»	»	8	1	3	»	»	»	»	»	»	»	»	»	6	1	»	»

NATURE DES MALADIES	ANNÉES																			
	1885		1886		1887		1888		1889		1890		1891		1892		1893		1894	
POPULATION MOYENNE	1113		1079		1004		887		743		692		653		632		696		738	
	Maladies	Décès	Maladies	Décès	Maladies	Décès	Maladies	Décès	Maladies	Décès	Maladies	Décès	Maladies	Décès	Maladies	Décès	Maladies	Décès	Maladies	Décès
Pyrexies — 28° Fièvre intermittente	20	»	28	»	38	»	37	»	35	»	4	»	16	»	12	3	10	»	»	»
29° Fièvre typhoïde	10	1	12	2	»	»	10	2	»	»	»	»	3	»	»	»	1	»	»	»
30° Fièvres diverses	15	»	15	»	22	5	25	»	9	1	29	1	11	»	2	»	16	»	14	»
31° Fièvres éruptives	5	1	6	»	10	»	15	1	»	»	»	»	»	»	»	»	»	»	»	»
Cachexies — 32° Anémie, débilité, gangrène	8	»	9	»	15	»	5	»	6	2	4	1	5	2	4	1	3	»	2	»
33° Scorbut	»	»	»	»	»	»	»	»	»	»	»	»	»	»	»	»	»	»	»	»
34° Scrofules	26	»	20	»	25	1	15	»	18	1	14	1	14	»	12	»	16	»	8	»
35° Cancers	6	»	1	»	»	»	»	»	»	»	1	»	»	»	»	»	»	»	»	»
Maladies contagieuses — 36° Syphilis	30	»	19	»	20	»	25	»	20	»	3	»	2	»	2	»	3	»	7	»
37° Teigne	»	»	»	»	»	»	»	»	»	»	»	»	»	»	»	»	»	»	»	»
38° Gale	5	»	6	»	5	»	1	»	3	»	1	»	1	»	»	»	2	»	»	»
Maladies de cause toxique — 39° Empoisonnement	»	»	»	»	»	»	»	»	»	»	»	»	»	»	2	»	»	»	»	»
Maladies de cause mécanique — 40° Contusions, plaies, luxations	20	»	24	»	25	»	34	»	1	»	37	»	16	»	»	»	4	»	30	»
41° Hernies	8	»	7	»	5	»	5	»	9	»	1	»	1	»	4	»	2	»	»	»
Chirurgie — 42° Opérations chirurgicales	»	»	1	»	3	»	2	»	4	»	3	»	5	»	4	»	5	»	2	»
43° Maladies indéterminées	7	»	18	»	22	1	15	2	11	»	37	»	»	»	8	1	6	»	27	»
44° Maladies simulées	15	»	14	»	10	»	»	»	18	»	»	»	»	»	10	»	3	»	»	»
45° Suicides	»	»	»	»	»	»	»	»	»	»	»	»	1	1	»	»	»	»	»	»
Épidémies — 46° Variole	5	»	»	»	»	»	»	»	10	»	»	»	»	»	18	1	»	»	»	»
47° Varioloïde	»	»	»	»	»	»	»	»	»	»	»	»	»	»	»	»	»	»	»	»
48° Choléra	»	»	»	»	»	»	»	»	»	»	»	»	»	»	»	»	»	»	»	»
49° Cholérine	30	»	2	»	15	»	»	»	36	»	»	»	»	»	»	»	2	»	9	»
50° Dysenterie	1	»	»	»	»	»	»	»	»	»	»	»	»	»	»	»	»	»	»	»
51° Maladies parasitaires, ténia	»	»	»	»	»	»	»	»	1	»	1	»	»	»	1	»	1	»	2	»
52° Maladies diverses	10	»	»	»	»	»	»	»	5	»	»	»	»	»	»	»	»	»	14	1
53° Vaccin	29	»	36	»	39	»	26	»	»	»	126	»	78	»	27	»	93	»	19	»
54° Grippe	»	»	»	»	»	»	»	»	»	»	»	»	»	»	»	»	»	»	»	»
TOTAUX	466	29	366	22	474	53	533	22	572	20	598	11	410	19	379	24	337	14	396	13

Si l'on compare les chiffres de mortalité ci-dessus avec les moyennes données par les maisons centrales (hommes), on constate que, en 1845 — date à laquelle les indications deviennent précises — le taux moyen de la mortalité dans les maisons centrales était de 83 décès par mille hommes (1 pour 12,35, écrit Ferrus), alors qu'il n'était que de 5 pour cent dans la maison centrale de Nimes.

Dans ces maisons, et durant la période de 1852 à 1855, le taux moyen des décès fut de 6,58 %.

De 1865 à 1868, il tombait à 4,20 %.

Il se montrait égal à 3,85 % dans la période de 1872 à 1875.

Les moyennes proportionnelles des décès dans les maisons centrales et pénitenciers agricoles [1] (France), de 1880 à 1893, donnent (statistique pénitentiaire) une moyenne générale de 30,84 décès par mille hommes [2], soit une différence de 5,74

---

[1] Pendant cette même période de 13 ans, la mortalité dans les maisons centrales de femmes a été égale à 31,79 décès par mille.

En 1845, la mortalité chez les femmes prisonnières était égale à 63 % (1 décès sur 15,73) (Ferrus).

La moyenne des décès était, de 1852 à 1855, 6,68 % ; de 1865 à 1868, 4,20 % ; et, de 1872 à 1875, 3,99 %.

[2] C'est dans les maisons centrales d'Albertville, de Clairvaux et de Nimes, qu'on constate le moins de décès.

Riom, Eysses, Beaulieu, Thouars, Landerneau, atteignent la moyenne la plus élevée : 43,24 pour mille

pour mille en faveur de la maison de correction de notre ville.

Cette différence, on en trouve la raison dans le climat, qui est, à Nîmes, tempéré et sec, et dans la position de la prison sur une colline sans cesse balayée par le vent du nord.

Si, d'autre part, l'on interroge la statistique des décès de la ville de Nîmes, on remarque que la mortalité annuelle moyenne, pendant une période de 20 ans, de 1845 à 1865, a été de 3 décès par 100 individus ; elle n'est plus maintenant (statistique des décès dressée de 1885 à 1895) que de 27,9 par mille habitants.

Ce chiffre a son éloquence. Il montre, en effet, que la mortalité des prisonniers (25,1 par 1000, moyenne de la maison centrale de Nîmes, et 30,84 par 1000, moyenne des établissements de longue peine) est encore bien grande, surtout si l'on tient compte de ce fait que la population libre se compose d'individus de tout âge et de sexes différents, tandis qu'il n'est pas, parmi les détenus, de jeunes gens âgés de moins de 16 ans, c'est-à-dire qui ne soient pas déjà pliés, pour la plupart, aux exigences de la vie.

Cette différence dans le nombre des décès s'ac-

(Eysses, 1890); 37,70 pour mille (Landerneau, 1890); 54,60 pour mille (Riom, 1890); 45,61 pour mille (Beaulieu, 1891); 51,69 pour mille (Thouars, 1892).

centue encore si on oppose le taux moyen de la mortalité de l'établissement qui nous occupe au taux moyen des décès en France (23 à 24 décès pour mille habitants), ainsi qu'au taux moyen de la mortalité des nations Européennes (26,2 par mille). Levasseur.

Si l'on rapproche maintenant la mortalité moyenne des peuples civilisés, ainsi que celle de la France, de la mortalité de la ville de Nimes, une constatation s'impose, c'est que Nimes se trouve dans des conditions de salubrité inférieures à celles même de certains grands centres industriels.

Certes le manque d'eau, la malpropreté des rues, les émanations des égoûts entrent en ligne de compte parmi les causes nombreuses de décès, mais ce sont surtout les changements brusques de la température, les coups de mistral et le peu de soins que les habitants prennent d'eux qui rendent le taux moyen de la mortalité supérieur aux taux moyens de la mortalité de l'Europe et de la France. Néanmoins, écrit notre excellent confrère, M. le Dr Elie Mazel, « on vit davantage à Nimes qu'à Marseille, Aix, Toulon, Montpellier et Cette, ses voisines du littoral, mais on y meurt plus qu'à Paris, Dijon et Lyon, plus aussi qu'à Avignon, Carcassonne et Toulouse[1] ». D'après M. Bertillon,

---

[1] Dr E. Mazel; *Statistique démographique de la ville de Nimes.*

les départements de l'Hérault et des Bouches-du-Rhône seraient très défavorables à la jeunesse et très favorables à l'âge mûr et à la vieillesse.

En tenant compte, bien entendu, du nombre des détenus de chaque âge, il résulte de l'étude des décès constatés à la maison centrale de Nimes, que la mort frappe peu les prisonniers de 16 à 20 ans. Le maximum des décès est entre 20 et 30 ans.

De 30 à 40 ans, une diminution sensible se produit dans la mortalité.

De 40 à 50 ans, la proportion des décès tend à augmenter.

Au delà de 50 ans, la mort [1] redouble ses coups.

Le tableau suivant donne le classement, par âge, des décès survenus dans la maison centrale de Nimes pendant la période de 1873 à 1895.

[1] Dans la vie libre la mort ne frappe pas non plus également tous les âges. La première enfance est l'âge le plus exposé. On peut dire d'une manière générale que près d'un quart des enfants qui naissent meurent dans l'année. A partir de 5 ans, la vie s'affermit ; la mort enlève, par année, moins de 1 pour 100 des survivants. De 30 à 70 ans, elle fait des progrès, lents encore, qui cependant, vers la fin de la période, enlèvent par année, comme dans l'enfance, le quart des survivants. Art. *Mortalité, Dict. Larousse.*

DÉSIGNATION des ANNÉES	CLASSEMENT PAR AGE						TOTAUX
	de 16 à 20	de 20 à 30	de 30 à 40	de 40 à 50	de 50 à 60	de 60 et au-dessus	
1873.....	4	8	12	7	7	13	51
1874.....	4	16	19	13	11	17	80
1875.....	2	8	9	11	3	6	39
1876.....	1	21	14	4	8	8	56
1877.....	0	5	9	5	6	7	32
1878.....	3	12	8	11	4	4	42
1879.....	3	14	10	8	4	11	50
1880.....	1	27	8	11	11	9	67
1881.....	1	4	7	4	2	6	24
1882.....	1	8	2	9	6	2	28
1883.....	2	5	9	7	4	7	34
1884.....	0	8	6	7	0	0	21
1885.....	2	7	10	4	4	2	29
1886.....	4	10	3	4	0	1	22
1887.....	3	10	8	4	3	5	33
1888.....	0	7	3	6	2	4	22
1889.....	1	9	4	1	0	5	20
1890.....	1	5	2	0	2	1	11
1891.....	1	5	5	1	2	5	19
1892...	3	4	8	5	3	1	24
1893.....	1	5	3	3	0	2	14
1894.....	1	5	1	3	1	2	13
	39	203	160	128	83	118	731

Un fait à noter, c'est que la mortalité est beaucoup plus grande durant la première et la deuxième année de l'emprisonnement que dans les suivantes. Dès lors, la prison ne paraît plus exercer qu'une influence restreinte sur la santé. Il semble que les détenus s'habituent à la vie pénitentiaire par une sorte *d'acclimatement*.

A noter aussi que les habitants de la campagne[1], dont le nombre est égal à la moitié environ de la population de la prison, sont les plus éprouvés par la détention. La mort les frappe même plus rapidement que les ouvriers des villes.

Ces différences dans la mortalité sont consignées dans le tableau ci-après :

[1] Le domicile est considéré comme urbain ou rural suivant que la commune renferme une population supérieure ou inférieure à 2000 habitants.

La population urbaine était, en 1846, de 8.646.743 habitants. Elle s'est successivement élevée, par suite de l'émigration des campagnes vers les villes, jusqu'à 13.766.508, en 1886. (Compte général justice criminelle publié en 1893.)

Le nombre des accusés d'origine rurale, en 1865, était de 2135 et celui des accusés d'origine urbaine de 1778. En 1891, la proportion est renversée : le nombre des premiers est de 1711 et celui des seconds de 2021 (Rapport (1895) sur la justice criminelle en France et en Algérie pendant l'année 1891).

DÉCÈS SURVENUS DANS LA MAISON CENTRALE DE NIMES

Du 1er Janvier 1873 au 31 Décembre 1894

| ANNÉES | CLASSEMENT PAR ANNÉES DE DÉTENTION | | | | | | RÉPARTITION par lieux de naissance | | TOTAUX |
	Dans la 1re Année	Dans la 2e Année	Dans la 3e Année	Dans la 4e Année	Dans la 5e Année	TOTAUX	Campagne	Ville	
1873	6	8	9	14	14	51	31	20	51
1874	16	14	8	18	24	80	42	38	80
1875	8	10	7	8	6	39	21	18	39
1876	17	14	10	11	4	56	33	23	56
1877	12	11	9	»	»	32	18	14	32
1878	14	16	9	3	»	42	24	18	42
1879	15	14	15	4	2	50	30	20	50
1880	20	18	14	10	5	67	37	30	67
1881	11	9	3	1	»	24	15	9	24
1882	13	10	3	2	»	28	18	10	28
1883	14	15	4	1	»	34	24	10	34
1884	9	10	»	2	»	21	14	7	21
1885	15	11	3	»	»	29	19	10	29
1886	10	8	1	2	1	22	14	8	22
1887	12	11	5	4	1	33	21	12	33
1888	14	6	»	»	2	22	10	12	22
1889	8	5	4	3	»	20	12	8	20
1890	6	4	»	1	»	11	6	5	11
1891	10	2	5	2	»	19	10	9	19
1892	4	14	5	»	1	24	14	10	24
1893	6	5	1	2	»	14	8	6	14
1894	5	5	3	»	»	11	8	5	13
	245	220	118	88	60	731	429	302	731

CHAPITRE IX

De l'instruction et de l'éducation des condamnés.

Les détenus de la maison centrale peuvent se diviser en 6 catégories, au point de vue de l'instruction :

Population au 31 décembre 1894	Sachant lire et écrire	Lire écrire et calculer	Ayant reçu une instruction primaire complète	Ayant reçu une instruction secondaire (bacheliers)	Ayant reçu une instruction supérieure	Illettrés
748	246	215	85	11	3	188
	546			14		

A en juger par ce tableau, sur cent condamnés, 25 sont illettrés, 73 savent lire et écrire, et 2 ont reçu une instruction secondaire ou supérieure.

A peu de chose près, les premiers ne sont qu'un mélange de brutes, de sots et de fainéants.

Des 75 restants, la plupart n'ont gardé de l'instruction qu'on leur a donnée que « le souvenir de ce qui s'accorde avec leurs instincts ».

Parmi les illettrés, 20 % ont commis des vols, 11 % ont été condamnés pour viols ou attentats à la pudeur, 8 % pour meurtre, assassinat ; 7 % sont des incendiaires.

Un peu plus de la moitié des détenus ayant reçu une instruction secondaire ou supérieure ont été incarcérés pour faux, banqueroute frauduleuse ou abus de confiance.

Les prisonniers de la catégorie intermédiaire sont composés, 76 fois sur cent de voleurs ; 24 fois sur cent, ils entrent dans toutes les espèces de crimes.

Si l'on compare la statistique dressée ci-dessus à celles que donnent les registres d'écrou de la maison, on remarque que le nombre des condamnés illettrés diminue de jour en jour.

Un pareil fait n'a pas lieu de surprendre. Tandis qu'au commencement de ce siècle, sur cent prévenus, on comptait 61 ignorants contre 39 individus ayant reçu quelque instruction, le nombre des accusés illettrés est tombé aujourd'hui à 22 %. Il n'est même plus que de 1 % dans le département de l'Hérault.

Cette réduction du nombre des illettrés est due aux progrès de l'instruction.

En effet, l'instruction pénètre de jour en jour dans les masses, si bien que, dans un avenir prochain, chacun sera tout au moins à même de lire, écrire et calculer. Malheureusement, il semble dores et déjà démontré par les statistiques criminelles que l'enseignement primaire ne modifie en rien la marche de la criminalité.

L'influence moralisatrice du savoir ne commence, dit M. Tarde [1], qu'au moment où le savoir « cesse d'être un outil seulement et devient un objet d'art ».

Quant à M. Guyau [2], il pense que « l'instruction trop purement intellectuelle, loin de moraliser toujours, n'aboutit souvent qu'à faire des déclassés ».

Malgré la part de vérité que peut renfermer cette dernière affirmation, on ne saurait conclure de l'exception à la généralité. Les devoirs s'enseignent et s'apprennent. « L'étude de la morale est une branche de l'instruction : donc celle-ci est utile pour la bonne conduite [3]. »

En tout cas, il est indéniable que l'instruction a contribué dans la plus large mesure à la beauté et à la grandeur de l'édifice social, si différent aujourd'hui de sa première forme. A ce titre, l'en-

---

[1] *La criminalité comparée.*

[2] *Éducation et hérédité.*

[3] Marion; *Leçons de psychologie appliquée à l'éducation.*

seignement avec ses degrés successifs et parallèles, «dont aucun n'est inabordable, dont les plus bas soutiennent le plus élevé, dont les plus élevés maintiennent au plus bas l'équilibre nécessaire [1]» est un devoir imprescriptible de la puissance publique.

Les prisons même ont leur école.

L'école de la maison centrale est située au centre d'un bâtiment affecté, d'une part, au service de l'infirmerie, de l'autre, à l'exercice des différents cultes.

C'est une salle vaste et de forme carrée.

Comme dans toutes les écoles primaires, on y remarque les ingénieux procédés en usage pour commencer et poursuivre l'instruction des enfants : alphabet, cartes de géographie, tableaux synoptiques et démonstratifs des poids et mesures, tableaux noirs, etc.

Dans un des coins de cette salle, se dresse un bahut à compartiments vitrés. C'est la bibliothèque de la maison. Les livres qu'elle renferme traitent de morale, de science, de voyages, de religion, de philosophie même. Leur choix a été fait avec beaucoup de discernement.

Tout nouveau venu qui n'a pas 30 ans et qui

______

[1] Discours prononcé, le 21 avril 1895, par M. Poincaré, à l'occasion du centenaire de l'École normale.

ne peut justifier de titres universitaires est obligé d'aller à l'école. Passé 30 ans, on n'y est admis qu'après en avoir fait la demande.

L'école est placée sous la direction d'un instituteur.

L'instituteur a, pour l'aider dans sa tâche, un certain nombre de moniteurs choisis parmi les élèves.

Ces moniteurs se recrutent au concours. Leur nomination est soumise à l'approbation du directeur de l'établissement. Un d'entre eux a le titre de moniteur général.

Le moniteur général a dans ses attributions la surveillance de l'école ; il est en même temps bibliothécaire. C'est lui qui est chargé, sous le contrôle incessant de l'instituteur et de l'administration, d'inscrire sur un registre les entrées et les sorties des livres confiés aux détenus.

La distribution des livres se fait deux fois par mois.

La liste en est dressée par le comptable de chaque atelier, désigné en prison sous le nom d'*écrivain*.

Avant la mise en rayon des volumes rendus, il est procédé à la vérification minutieuse des dégradations qui ont pu être commises. Le détenu est pécuniairement et disciplinairement responsable de ces dégradations.

La lecture n'est permise que pendant les heures de récréation ; elle a lieu individuellement et à voix basse.

Pour les prisonniers, la lecture n'est pas une source de connaissances : « Les idées passent debout dans leur tête ». (M⁵ Necker).

Les livres les plus demandés sont les récits d'aventures. Quant aux ouvrages de science, de morale, de religion, surtout ceux de religion, les condamnés ne les acceptent que faute de mieux.

Avant 1890, les détenus avaient deux heures de classe par jour ; actuellement, il ne leur est donné qu'une leçon d'une heure, le matin, de huit à neuf. Bien entendu, est compris dans cette heure le temps nécessaire à la distribution des cahiers, accessoires, etc.

Les élèves sont groupés d'après leurs capacités respectives. A la tête de chaque groupe, se trouvent un ou plusieurs moniteurs. Les uns apprennent aux élèves à lire et à écrire ; d'autres, à calculer ; certains leur fournissent des notions sur la tenue des livres, sur l'histoire et la géographie.

En 1894, 319 élèves sont passés par l'école.

Grâce aux efforts de l'instituteur, les résultats obtenus ont été assez satisfaisants.

Ces résultats, le tableau suivant les indique :

Mouvement de l'École et résultats de l'Enseignement

du 1er janvier au 31 décembre 1894

Détenus présents à l'école le 1er janvier 1894....		130	319
— admis pendant l'année............,..		189	
Détenus sortis pendant l'année...................		179	319
— présents le 31 décembre 1894...........		140	
Illettrés......	Ayant appris à lire..............	45	
	— à lire et à écrire....	15	
	— à lire, écrire et calculer...........	38	
	Demeurés illettrés...............	16	
Sachant lire	Ayant fait quelques progrès......	23	
	Ayant appris à écrire...........	30	
	— à écrire et calculer.	17	319
	N'ayant pas fait de progrès.......	15	
Sachant lire et écrire	Ayant fait quelques progrès......	28	
	Ayant appris à calculer..........	19	
	Ayant reçu le complément de l'instruction primaire	13	
	N'ayant pas fait de progrès......	10	
Sachant lire, écrire et calculer.	Ayant fait quelques progrès......	27	
	Ayant reçu le complément de l'instruction primaire...............	15	
	N'ayant pas fait de progrès......	8	

Malgré tous les avantages fournis par l'institution de ce cours élémentaire quotidien, le coupable sort de l'école tel qu'il y est entré. On peut
lui avoir appris à lire, écrire, calculer ; mais c'est
tout. Rien n'est changé dans son for intérieur ;
tout son passé moral vit en lui. Certes, il n'y a
pas là de la faute de l'instituteur. Par des instructions verbales, l'instituteur s'efforce d'accoutumer

les prisonniers à réfléchir et à raisonner ; il tâche d'éveiller en eux des notions, des sentiments de droit et de justice. Malheureusement, quand le cœur est perverti, le sentiment de la dignité de l'homme n'est pas chose facile à acquérir.

.*.

Le dimanche, à 8 heures du matin, la Synagogue, le Temple et la Chapelle ouvrent, chacun, leur porte aux détenus. Il est d'usage de prier Dieu ce jour-là.

La Synagogue est un local de dimensions modestes et d'aspect agréable où le jour pénètre à flots.

N'était le sanctuaire, l'ameublement de la Synagogue se réduirait à peu de chose : une chaire et quelques bancs.

De ci, de là, apparaît, rompant la monotonie des murs nus, le tracé en langues française et hébraïque de quelques préceptes moraux.

Un calendrier juif complète l'ornementation du lieu.

Le sanctuaire est situé derrière une balustrade en bois. Une table et une arche sainte, sorte d'armoire grossièrement sculptée, en sont les principaux éléments.

La table est surmontée d'un candélabre à sept branches et recouverte d'une fine toile blanche. C'est sur cette table que le rabbin déroule, pour les lire, les livres de la loi.

Quant à l'arche sainte, en partie masquée par un rideau sur la neige duquel se détachent — en laine rouge — deux grandes initiales et une couronne, elle renferme dans son intérieur, à décoration mystique, le *Pentateuque* écrit sur vélin, ainsi qu'une corne (sofar) rappelant la légende de Moïse réunissant le peuple juif sur le mont Sinaï.

Moins bien éclairé mais plus vaste est le local qui sert de Temple. On y remarque une chaire pour le pasteur, des bancs en assez grand nombre pour les condamnés, quatre sièges-pupitres ou postes de surveillance pour les gardiens, une table sainte et un harmonium.

Dans le fond, une inscription tirée de la *Genèse*[1] : « *Que ce lieu est vénérable ! C'est ici la maison de Dieu, c'est ici la porte des cieux.* ».

Appelé à commenter des passages de l'ancien et du nouveau Testament, le pasteur commence et termine son sermon par une prière.

La Chapelle est admirablement située ; le soleil vient s'y mirer sur le bronze poli des flambeaux.

---

[1] *Genèse,* chap. XXVIII, verset 17.

Le mobilier est à peu près le même que celui du Temple.

On aperçoit en outre, suspendus à la voûte, deux modestes lustres dont l'un, en papier, témoigne de la patience de quelques détenus.

Sur les murs, s'étalent plusieurs peintures grossières représentant Jésus marchant au supplice.

Vers le milieu de l'église se dresse une petite chapelle de la Vierge.

Au fond, on distingue un autel : au-dessus du tabernacle est un Christ ; à droite et à gauche, sont placés des flambeaux. C'est là qu'officie le prêtre, escorté de six condamnés vêtus en enfants de chœur.

Sur les côtés de l'autel et au-dessus de deux vastes loges latérales, à jalousies mobiles, et réservées aux seules personnes de la ville autorisées à entendre la messe en prison, se profilent, peintes à fresque, les silhouettes des douze apôtres.

Derrière l'autel, et clouée sur le mur, est une belle toile : le Christ guérissant un lépreu — don gracieux d'un ancien aumônier de la prison.

Faisant pendant à cette toile, se détache vigoureusement sur le fond gris d'une tribune, au-dessus de la porte d'entrée, un portrait peu flatteur du charitable Saint-Vincent-de-Paul.

C'est dans cette tribune que se rangent les condamnés qui savent la musique.

Au-dessous des musiciens, se groupent, autour d'un harmonium, les détenus qui remplissent les fonctions de chantres.

Pendant la cérémonie religieuse, et alternativement, l'orchestre d'attaquer des morceaux d'opéra et le chœur d'entonner des chants d'église.

Sous les verrous, rien n'est plus divertissant que l'heure passée, soi-disant, en prière. La plupart des détenus vont à l'office divin, comme au théâtre, pour s'amuser. Vétérans et jeunes recrues échangent des signes d'intelligence; chacun cause tout à son aise avec le voisin.

En matière religieuse, l'indifférence est la règle dans le monde des condamnés. Seuls, en effet, font profession d'être confiants dans l'aide de Dieu : d'une part, les hypocrites vulgaires, les malins; d'autre part, une certaine catégorie de criminels pour qui Très-Haut n'est qu'une sorte de fétiche atavique [1].

Les aumôniers se laissent prendre aux falla-

[1] C'est pour cette raison, écrit M. Corre, que les bandes italiennes n'oublient pas la Madone, au cours de leurs expéditions, comme jadis nos flibustiers réservaient une large part de leur butin aux églises ; et les prostituées espagnoles placent leur lit sous la bienveillante égide de la Vierge, comme les pécheresses du beau monde vont, avec la plus parfaite indifférence, du confessionnal à la couche de leurs amants. — *Les criminels.*

cieuses promesses d'amendement, aux larmes intéressées de ces malandrins; ils les prêchent et les catéchisent de leur mieux ; ils leur parlent de repentir, d'espérance et, jusqu'au jour où ces sacripants retombent sous la main de la justice, nos réformateurs crédules gardent la conviction d'avoir fait d'eux de petits saints.

De loin en loin, les aumôniers peuvent bien éveiller des remords, amener des repentirs, faciliter des conversions, on ne le conteste pas. Mais leurs exhortations et leurs prédications sont presque toujours sans effet sur les hommes auxquels elles s'adressent. Les flammes de l'enfer et les peines du purgatoire ont fait leur temps.

*
* *

L'action morale du directeur est, elle aussi, bien restreinte.

Les directeurs, disent certains criminologistes, s'entendent très bien à la direction administrative de leur maison, mais, au point de vue de la moralisation et de l'amendement des condamnés, les directeurs sont au-dessous de leur tâche.

Cette tâche implique des connaissances qu'ils n'ont pas, la connaissance de l'homme et celle du

cœur humain. Or, ces différentes notions relatives
à l'homme envisagé aux points de vue physique,
intellectuel, moral et criminel, ne s'acquièrent
que par des études spéciales (anthropologie, physiologie, psychologie, criminologie), études auxquelles les directeurs sont, pour la plupart, complètement étrangers. Et, nos criminologistes de
conclure que, dans la grande œuvre de la moralisation des condamnés, il n'y a pas à compter sur
le concours des directeurs actuels.

Il ne faut pas donner à cette opinion plus de
créance qu'elle n'en mérite. Si, parmi les directeurs [1], il en est qui ne voient dans le détenu
qu'un matricule, le numéro tant, qui, entré le...,
doit sortir le..., il en est d'autres (et on pourrait
en citer de ceux-là) qui, tout en maintenant une
discipline sévère, savent se faire aimer des condamnés par leur justice et leur humanité. Ceux-
là sont doués de mérites réels, d'excellentes in-
tentions, d'un zèle actif et possèdent « la largeur
de vues philosophiques, indispensables à une
mission qui, par son importance sociale et son

[1] Parmi les directeurs, les uns sortent de l'administration
pénitentiaire ; ils en ont gravi tous les échelons : agent
comptable, inspecteur, directeur. Les autres ont appar-
tenu au corps des instituteurs de prisons. D'autres, enfin,
sont d'anciens officiers ou fonctionnaires de l'administration centrale.

action régénératrice, s'élève à toute la hauteur d'un apostolat [1] ».

Mais, quels que soient leur intelligence et leur dévouement, il ne faut pas demander aux directeurs plus qu'ils ne peuvent donner. Dans nos maisons centrales, l'influence malfaisante de l'*ambiant* pénitentiaire empêche la formation et le développement de la moralité.

[1] Ferrus; *Des prisonniers, de l'emprisonnement et des prisons.*

CHAPITRE X.

Du Criminel.

Le type criminel appartient à l'Ecole d'anthropologie criminelle, italienne. C'est la création de Lombroso, création que les disciples du maître se sont appliqués à affermir et à compléter.

Cette conception de l'éminent criminologiste n'a pu résister à l'action du contrôle et de la critique, et, l'œuvre, attaquée de toutes parts, violemment battue en brèche, a fini par s'effondrer sous les coups.

Il n'existe pas de type criminel.

« Il n'y a que des types criminels avec des caractères plus ou moins caractéristiques, mais nullement spécifiques [1] ».

Telle est la conclusion à laquelle ont abouti les discussions du Congrès d'anthropologie criminelle tenu à Paris en 1889.

Il serait sans utilité de passer en revue tous les

[1] E. Laurent; *Anthropologie criminelle en 1889*, dans *Sciences Biologiques à la fin du XIXe siècle*.

caractères anatomiques, physiologiques et autres
que les patientes et ingénieuses recherches de
l'Ecole d'anthropologie italienne ont extraits de
l'inépuisable fonds criminel. L'examen des principaux d'entre eux montrera de reste ce que valent
ces caractères soi-disant spécifiques.

Caractères anatomiques. — On ne rencontre
partout que divergences et contradictions.

Ainsi, Lombroso, Ferri, Bénédickt, déclarent
que les criminels offrent, comme capacité crânienne une prédominance des capacités minimes
(caractère d'infériorité observé chez les hommes
préhistoriques).

D'après Rancke, la capacité crânienne moyenne
des criminels est à peu près égale à celle des
sujets normaux.

Pour Heger, Bordier, Corre, etc, cette capacité
est supérieure à la capacité ordinaire[1].

Elle est quelquefois énorme, dit Manouvrier.

Quant aux anomalies signalées par Bénédickt
sur le cerveau des criminels (4 circonvolutions
frontales au lieu de 3, communications entre les
scissures, etc), on les rencontre également chez
certains individus, mal doués il est vrai, mais

---

[1] D' Dubuisson; *Archives de l'anthropologie criminelle,*
15 janvier 1888.

nullement criminels. Elles ne sont donc pas particulières à ces derniers (Giacomini, Bardeleben, Topinard).

Il en est de même de la fossette moyenne découverte par Lombroso sur la crête interne de l'occipital et considérée par lui comme une anomalie caractéristique. La fréquence de cette fossette destinée à loger le vermis inférieur du cervelet a été contestée. En tout cas, cette fossette est un caractère de peu de valeur (Féré [1] Bénédickt [2]).

Il ne faut pas non plus accorder une grande importance aux pigmentations anormales des tissus nerveux, aux adhérences de la pie-mère, aux ramollissements ainsi qu'aux méningites observées sur les crânes des suppliciés. La thèse du criminel-né ne peut trouver là de solides arguments. Ces caractères d'ordre anatomique sont plutôt en faveur d'une morbidité, souvent traduite par d'autres signes (Corre).

Si on se place maintenant au point de vue de la circonférence horizontale totale du crâne, cette circonférence chez les criminels apparaît tantôt égale ou légèrement inférieure à celle des individus ordinaires (Lombroso, Ferri), tantôt supérieure

[1] *Criminalité et dégénérescence.*

[2] *Archives de l'anthropologie criminelle*, 1889, tom. IV, pag. 555.

(Corre) [1]. Ce qui prouve que le groupe des criminels est peu homogène.

S'il faut en croire Amadéi, le crâne des criminels est asymétrique, surtout à gauche, tandis que, d'après Manouvrier, chez les personnes saines, la proportion des asymétries est la même des deux côtés et que, d'après Sommer, il y a prédominance de l'asymétrie à droite chez les fous.

Quoiqu'il en soit, l'asymétrie crânienne ne peut pas être considérée comme propre à la criminalité (Féré, Topinard, Luys, Lebon, etc.). Plus on étudie le crâne humain, plus on trouve que c'est chez tout le monde un organe très asymétrique. « Il y a une inégalité de développement constante entre les deux moitiés du crâne », et « un ou plusieurs caractères insolites n'empêchent pas un cerveau d'être à la fois très intelligent et très bien équilibré » Broca [2].

L'asymétrie crânienne n'est point du reste spéciale à l'homme ; on en voit quelquefois de très intéressants exemples chez les singes (Féré) [3].

En ce qui concerne la forme du crâne, Lombroso renonce à formuler une conclusion, mais Bordier

[1] *Les criminels.*
[2] *Bulletin Société anthropologie,* 1886.
[3] *Contribution à l'étude de la topographie cranio-cérébrale chez quelques singes (Journal de l'anatomie et de la physiologie,* janvier 1883).

conclut à la mésaticéphalie, avec tendance à la dolichocéphalie, tandis que Corre conclut à la brachycéphalie.

Le prognathisme et l'asymétrie de la face ne se présentent pas avec une fréquence suffisante pour avoir quelque valeur.

La proportion moindre du diamètre frontal minimum, la forme du front (aplati, fuyant en arrière), la grande capacité des orbites, la saillie des zygomes, les anomalies des oreilles[1] (volumineuses, en anse, etc) et surtout le développement exagéré des mandibules ont une tout autre importance.

Lombroso et Ferri insistent tout particulièrement sur ce dernier caractère, qu'ils trouvent presque constant. Ils en font une sorte de caractère rétrograde. Il est pourtant loin d'être exclusif aux assassins.

La forme carrée du menton (Lombroso) a été contestée par Corre.

D'autre part, les opinions les plus diverses ont cours sur la forme du nez.

Il serait retroussé chez les voleurs, crochu chez les assassins, et 19 fois sur 500 tordu à droite ou à gauche (Lombroso).

---

[1] La fréquence des anomalies de l'oreille a été relevée au Congrès de Paris (1889), par MM. Ottolenghi et Frigerio.

D'après Laurent, la déviation du nez serait plus fréquente à droite.

Pour le Dr Ottolenghi[1], de Turin, les criminels en général et les meurtriers en particulier se feraient remarquer par la fréquence du nez rectiligne et long.

Le développement démesuré, la superposition ou la mauvaise direction des dents canines et la teinte marron de l'iris ne sont pas des caractères spéciaux à la criminalité.

D'après Corre, le criminel est grand et lourd. Il dépasserait, suivant Lombroso, les normaux et les aliénés, tandis que, pour Virgilio et Thompson, il serait souvent mince et agile.

Par sa taille et son poids moyen, il l'emporte sur la moyenne des honnêtes gens (Tarde), mais il est généralement faible de muscles (Tarde, Lombroso) ; Warnots soutient le contraire.

600 fois sur 800 criminels, Lacassagne a trouvé les membres supérieurs plus longs, la grande envergure plus large qu'à l'ordinaire, caractères qui rapprocheraient les criminels des quadrumanes.

D'après Ferri, l'homicide a tantôt le bras plus long, tantôt plus court, suivant le pays ou la région (Dubuisson).

---

[1] Lombroso ; *L'anthropologie criminelle.*

D'après Marro [1], « les mains larges et courtes seraient prédominantes chez les meurtriers et les condamnés pour coups et blessures ; les mains longues et étroites chez les voleurs ».

Chez les assassins, le pouce aurait parfois une longueur démesurée : tel le pouce de la main de Troppman, décrit par M. Claude, ancien chef de la sûreté.

Très souvent aussi, le criminel serait ambidextre ou gaucher (Lombroso, Marro). Il aurait généralement le pied gauche plus long que le droit (Lombroso); ce qui est l'inverse chez les normaux. Ambidextrie et gaucherie s'expliqueraient, sinon par l'éducation, du moins par la prédominance de l'hémisphère droit sur le gauche, chez le criminel ; tandis que, chez les individus de constitution normale, c'est le gauche qui prévaut.

Or, il résulte des travaux de MM. Broca et Topinard que la prédominance de l'hémisphère droit sur le gauche est une particularité très fréquente chez tous les hommes.

La peau chez les criminels se distinguerait habituellement par une teinte foncée (Lombroso), plus sombre d'après Marro qu'à l'ordinaire. Mais, voilà que pour les Allemands et les Suédois, le criminel est blond plutôt que brun.

---

[1] *I Caratteri dei delinquenti.*

Il serait, paraît-il, très chevelu et très peu barbu.

Méfiez-vous de l'imberbe, dit un proverbe italien.

Quant à l'abondance de la chevelure, ce serait un signe d'infériorité.

D'après Tarde et Garofalo, la figure du criminel est laide [1].

L'histoire nous a pourtant conservé le souvenir de grands criminels qui étaient d'une beauté remarquable —Poppéa, Atria Galla, la Brinvilliers par exemple (Proal).

D'autre part, on peut être laid comme Socrate et bon comme lui (Mantegazza [2]).

Pour Lombroso, les figures monstrueuses sont en nombre ; ce qui fait dire à M. Tarde : *méfiez-vous des laids plus que des glabres.*

Quant au regard, chez beaucoup de criminels, il est terne.

Il aurait, dit Lombroso, chez les meurtriers, beaucoup de celui des félins au moment de l'embuscade ; il serait vitreux, froid, fixe, quelquefois sanguinaire et injecté. Saillant, dur, chez les violateurs, il serait inquiet, oblique, errant chez le voleur, hagard ou très petit chez les faussaires.

---

[1] Sous l'ancien régime, d'après Loiseleur (*Les crimes et les peines,* 1863), on comptait au nombre des motifs de suspicion la *mauvaise physionomie* de l'accusé.

[2] *La physionomie et l'expression des sentiments,* 1889.

Aux points de vue *physiologique, pathologique, psychique* et *moral*, les renseignements que l'on possède ne permettent pas non plus de distinguer un coquin d'un honnête homme.

Pour Biliakow, l'acuité visuelle des criminels est inférieure à celle des individus normaux (Frigerio soutient le contraire).

Il en serait de même de leur acuité acoustique.

L'odorat et le goût seraient moins développés (Ottolenghi), mais le sens de l'ouïe atteindrait une haute perfection.

La sensibilité tactile est affaiblie chez le criminel (Ramlot), ainsi que la sensibilité générale (Lombroso).

Le coupable, dit-on, est fort peu impressionné par le froid, mais très sensible à l'électricité (Dubois-Raymond).

Suivant Marro, cette sensibilité à l'électricité serait exquise chez les escrocs.

Le criminel est lâche et pusillanime, d'après Laurent [1]; c'est aussi notre avis.

Pour Lombroso et Corre, il serait analgésique.

Lombroso et Bénédickt trouvent dans cette résistance à la douleur la raison pour laquelle le délinquant supporte facilement les blessures les plus graves et s'en guérit rapidement.(Communé-

---

[1] *Les habitués des prisons de Paris.*

ment désigné sous le nom de disvulnérabilité, ce fait est fort contestable).

Partant de là, Delbœuf a essayé de prouver par une expérience faite sur une hypnotisée que la souffrance était un obstacle à la guérison.

Suivant l'École italienne, les malfaiteurs jouiraient d'une vitalité plus puissante que les honnêtes gens. Ces derniers, Lombroso le reconnaît, sont pourtant moins sujets que les criminels aux affections de la vue (daltonisme, strabisme) et aux maladies de cœur, de foie, d'estomac, etc., maladies auxquelles Laurent ajoute quelques petites infirmités, telles que bégaiement, hypospadias, incontinence d'urine.

Corre accorde aux malfaiteurs une intelligence moyenne.

Pour Lauvergne et Thompson, la plupart des criminels ont une intelligence au-dessous de la moyenne. Ce qui n'exclut pas l'esprit de ruse, qui est très développé chez eux.

L'imprévoyance et la légéreté seraient aussi deux caractères éminemment propres à la criminalité.

Cruel, féroce parfois, vaniteux toujours, le criminel aimerait le vin, le jeu et l'orgie. Son amour pour la femme serait « un amour sensuel et sauvage » (Corre).

Avec cela, haineux et vindicatif; paresseux, sale,

menteur, égoïste et indifférent à l'égard de sa famille, il ne connaîtrait pas le remords.

Telle serait la figure morale du criminel. Elle compléterait, d'après M. Garofalo[1], les caractères anatomiques; ces derniers ne pouvant, à eux seuls, fournir que des indices.

« La vertu, écrit M. Féré, ne se caractérise sur le vivant par aucun signe objectif spécifique»[2]. De même, le criminel ne porte pas sur lui une livrée qui le fasse distinguer de l'honnête homme.

[1] *La criminologie.*
[2] *Criminalité et dégénérescence.*

CHAPITRE XI.

Des principaux facteurs de la criminalité.

Pour expliquer le crime, on a fait appel à une foule de facteurs — facteurs individuels, sociologiques ou cosmiques. Il ne faut en rejeter aucun, ni la folie, ni la dégénérescence, ni l'arrêt de développement, ni l'atavisme, ni l'action du climat, ni celle de la température, des saisons, du sexe, de l'âge, de la race, mais c'est aux facteurs sociaux qu'on doit, semble-t-il, accorder une influence prépondérante.

Et, parmi ces derniers, se placent au premier rang : d'une part, la *mauvaise éducation* ; de l'autre, l'*alcoolisme* et la *misère*.

*
* *

Que, dès les premières années de la vie, l'homme soit abandonné à lui-même, qu'il soit soumis à l'action néfaste d'une mauvaise éducation, de mauvais exemples, de l'oisiveté et de la misère, il sera fatalement entraîné au crime.

«Plongez, écrit M. Gérard, un ange de vertu et de candeur dans un lupanar de la place Maubert, nourrissez-le de charcuterie épicée, abreuvez-le de petit bleu, d'alcool et d'absinthe, faites son éducation en lui débitant les calembredaines de la gent qui porte casquette à trois ponts, vous aurez quelque chance d'en faire un fieffé gredin, surtout si vous vous y prenez de bonne heure [1]. »

Ainsi que le milieu physique, le milieu social a une puissance modificatrice considérable, et l'on peut dire, avec M. Marion, qu'un homme « est formé par tout ce qu'il éprouve depuis le berceau [2] » — mais surtout par ce qu'il éprouve dans les premières années de la vie.

Les impressions de l'enfance, en effet, sont profondes et durables, et les germes déposés sur cette terre vierge qu'est le cerveau de l'enfant s'y développent admirablement.

Ainsi se constitue le premier fonds de nos acquisitions morales que les impressions ultérieures ne pourront que très difficilement entamer et jamais détruire.

C'est que « les cellules cérébrales — lorsqu'elles ont été fortement excitées ou lorsque, sans l'être aussi fortement, elles l'ont été très souvent et toujours de la même manière — gardent à la suite de

_____
[1] *La grande névrose.*
[2] *Grande Encyclopédie*, art. *Éducation.*

cette excitation très forte et unique, ou faible mais répétée, un état anatomique particulier, quelque chose comme une mémoire matérielle qui fait que toute excitation nouvelle les remet dans l'état même où elles se sont trouvées lors de la grande excitation ou lors de ces excitations toujours les mêmes et mille fois répétées qu'elles ont subies ; il semble qu'elles ne soient plus aptes, dès lors, qu'à un seul genre d'ébranlement, qu'à une seule idée, l'ébranlement et l'idée qui correspondent aux excitations précédentes [1] ».

On pressent, dès lors, combien il importe de ne fournir à l'enfant que des impressions saines et justes et d'écarter de lui toutes les influences de milieu capables de troubler la marche régulière de son développement moral.

A travailler au perfectionnement de l'individu, la société trouve son compte. Car, « l'éducation déborde la vie individuelle ; elle fait avec l'hérédité le lien des générations successives ; elle est l'affaire de toute l'espèce [2] ».

L'éducation morale appartient d'abord et surtout au père et à la mère. « Nuls autres ne peuvent plus efficacement inculquer aux enfants ces habitudes d'affection qui humanisent l'égoïsme primitif, et sans lesquelles l'homme serait comme

[1] Bordier ; *La vie des sociétés.*
[2] Marion ; *Grande Encyclopédie*, art. *Éducation.*

un sauvage transporté parmi les civilisés. C'est en effet surtout par l'habitude et par l'exemple de l'amour dont il se sent entouré que le sauvage, qui persiste au fond de l'enfant, traverse rapidement toutes les phases de l'évolution que l'humanité a mis tant de siècles à parcourir et qui l'a portée de la prédominance absolue des besoins nutritifs et, par conséquent, de l'égoïsme le plus brutal à cet épanouissement des sentiments moraux qui résultent de la création des besoins affectifs [1]. »

Dans cette œuvre de moralisation, l'action de la mère est prépondérante. Malheureusement, elle ne peut toujours, dans notre société moderne, remplir librement le mandat que la nature lui a confié. Trop souvent, en effet, les nécessités de la vie l'arrachent à ce foyer qu'elle ne devrait point quitter et où elle doit régner en souveraine.

C'est elle, pourtant, c'est elle qui doit façonner le moral de nos enfants ; c'est elle qui doit pouvoir, au besoin, contrebalancer l'influence du père alcoolique ou dévoyé.

Laissons donc la mère à l'enfant. Pourquoi les séparer avant l'heure ? L'enfant n'aura que trop tôt, hélas ! à regretter les saines et pures joies que répand sans cesse autour de lui la sollicitude

[1] E. Véron ; *La morale.*

maternelle et qui justifient pleinement cette belle parole de Mahomet : « Le paradis est aux pieds des mères [1] ».

***

La consommation de l'alcool (c'est un fait incontestable) augmente tous les ans, et c'est surtout aux alcools de grains, de pommes de terre ou de betteraves — plus dangereux[2] que l'alcool de vin, mais d'un prix moins élevé — que s'adresse le fabricant de liqueurs pour faire face aux désirs de sa clientèle. Et, pour donner à ces alcools un goût plus agréable, un bouquet provocateur, il les aromatise de mille façons par l'addition d'essences variées et savamment dosées et combinées — telles les essences d'absinthe, d'hysope, de fenouil, anis, angélique, menthe, mélisse, etc., qui entrent dans la composition des liqueurs les plus connues. Or, toutes ces essences sont d'une extrême toxicité, et les recherches de Magnan et Laborde, de Cadeac et Albin Meunier ont bien

[1] Renan ; *Etudes d'histoire religieuse.*

[2] Suivant M. Lannelongue, il faut boire dix petits verres d'eau-de-vie naturelle pour éprouver le mal que cause l'absorption d'un seul petit verre d'alcool d'industrie — *discours sur la réforme des boissons,* 6 juin 1895. Chambre des députés.

mis en relief l'action épileptisante des unes (absinthe, hysope, fenouil) et stupéfiante des autres (anis, angélique, mélisse, menthe, etc), de sorte que l'absinthique, par exemple, en sirotant la verte liqueur s'intoxique à la fois et par l'alcool qui lui sert de substratum et par les essences qui la parfument et la caractérisent.

L'alcool, quel qu'il soit, et quelle que soit la forme sous laquelle il est ingéré, irrite le tube digestif et le foie, qu'il traverse avant de se répandre dans la trame même des tissus et des organes où il provoque, d'abord, de graves perturbations et, à la longue, d'irréparables désordres.

Si l'on consulte les statistiques relatives à la folie alcoolique en France, on voit que, chez nous, sur cent cas de folie, 22 environ sont dus à l'ivrognerie.

C'est par milliers qu'on peut compter les crimes ou délits qui dérivent de la folie ébrieuse. Ainsi, en 1887, 8,700 prévenus ont été condamnés pour ivresse en même temps que pour divers délits[1].

D'après M. Baer, il faut attribuer à l'alcoolisme, les deux tiers des assassinats, les trois quarts des attentats aux mœurs, des rébellions et des violences.

Mais ce n'est pas tout, et ce qu'il y a de plus navrant, c'est que l'alcoolique peut laisser à ses

[1] Compte rendu de la justice criminelle pour 1887.

enfants le plus déplorable héritage. C'est ainsi que ceux qui ont été conçus sous l'influence de l'alcoolisme, que cet état maladif des parents fût passager ou durable, sont toujours frappés: dans le premier cas, de troubles nerveux ou psychiques ; dans le second, d'altérations physiques ou mentales en rapport avec le degré organique de l'alcoolisation[1].

Les enfants des ivrognes sont sujets aux convulsions, à l'hystérie, à l'épilepsie ; ils meurent souvent en bas âge. « Ceux qui ne meurent pas, écrit M. Regnard [2], sont souvent très intelligents dans leur enfance, finissent par avorter, faire des hommes incomplets, intelligents encore, mais légers, distraits et incapables d'arriver à rien de sérieux.

De plus, les enfants des alcooliques héritent souvent, et en dehors de toute imitation, du besoin impérieux de boire, ce qui les conduit, victimes d'une impitoyable fatalité, à mourir, comme leur père, à Sainte-Anne ou à Charenton. »

L'alcoolisme est une véritable maladie sociale.

Incapable de tout travail sérieux, l'alcoolique ne vit que pour sa passion. Essayer de lui faire comprendre le tort qu'il se fait à lui-même et le préjudice qu'il porte aux siens, c'est, non seulement perdre son temps, mais encore s'exposer à provo-

---

[1] Combemale ; *Thèse sur la descendance des alcooliques*, 1888.

[2] Art. *Alcoolisme, Dictionnaire de médecine usuelle.*

quer chez ce dévoyé mental une crise, au cours
de laquelle, en proie à des hallucinations effrayan-
tes, il pourra devenir criminel inconscient.

Souvent aussi, la femme imite le mari ; les enfants
ne tardent pas à suivre le triste exemple qui leur est
donné. C'est la déchéance, la ruine de la famille.
Bientôt, en effet, la misère noire, la prostitution,
le crime même, viendront s'installer au foyer ; et
voilà comment, d'un intérieur honnête et paisible,
l'alcoolisme, cette plaie de notre moderne société,
peut faire, à la longue, un enfer et un cloaque.

Elles s'appellent légion les victimes de l'alcoolisme, et leur nombre s'accroît de jour en jour.
Rien n'est, malheureusement, plus facile que de
tomber dans l'alcoolisme. On connaît cette sensation de bien-être que produit l'alcool ingéré.
Or, le souvenir de cette sensation aura toujours
raison d'une nature veule. Alors, s'établira tyran-
nique, impérieux, le besoin de sensations identi-
ques ; puis, pour obtenir l'effet désiré, il faudra
augmenter les doses. L'alcoolisme est, dès lors,
constitué. « C'est qu'en effet l'alcool détermine,
en général, une sorte d'état moral, d'indifférence
pouvant aller jusqu'à l'oubli. On conçoit donc
que l'homme qui souffre, physiquement ou moralement, cherche là l'oubli de ses maux »[1].

---

[1] Capitan ; *L'alcoolisme dans la société* — revue, école
anthrop. de Paris, 1894.

***

« Parmi les nombreuses épreuves auxquelles l'homme est en proie, il n'en est point, écrit M. d'Haussonville, qui assombrisse sa vie, abatte son espérance et flétrisse son âme autant que le souci du pain quotidien et que toutes les souffrances, toutes les angoisses, toutes les amertumes contenues dans ce seul mot : la misère »[1].

Or, la misère, dans ce qu'elle a de plus hideux, se montre dans nos sociétés les plus civilisées. «On meurt encore de faim, même au cœur des capitales luxueuses, au voisinage des palais où l'on s'amuse, des maisons où le superflu déborde en vaines inutilités ou en primes distribuées au vice »[2].

Mais à côté de la faim, qui fait rapidement mourir, il y a ce que Fourier appelait la *faim lente*, «cette faim de tous les instants, ajoutait Proudhon, de toute l'année, de toute la vie, faim qui ne tue pas en un jour, mais qui se compose de toutes les privations et de tous les regrets, qui sans cesse mine le corps, délabre l'esprit, démoralise la conscience, abâtardit les races, engendre toutes les maladies et tous les vices, l'ivrognerie

[1] D'Haussonville ; *Misère et remèdes.*
[2] Corre ; *Crime et suicide.*

entre autres, et l'envie, le dégoût du travail et de l'épargne, la bassesse d'âme, l'indélicatesse de conscience, la grossièreté des mœurs, la paresse, la gueuserie, la prostitution et le vol » [1].

Sur les 87,000 personnes qui, en 1892, sont passées par le dépôt, il y en avait (*Petit Journal* du 8 mars 1892) 50,000 contre lesquelles on n'avait d'autre délit à relever que la misère. Parmi ces pauvres gens sans domicile, les uns avaient été jetés dans la rue parce que le chômage avait épuisé leurs ressources ; les autres, parce que, pendant une maladie, leur place avait été prise à l'atelier ; les autres, enfin, parce que, attirés à Paris par l'espérance d'un salaire plus élevé, ils avaient au contraire dévoré en quelques jours leurs petites économies.

Le vol est répandu sur une grande échelle parmi les classes les plus infimes de la société. L'on a même constaté que les années qui ont marqué dans l'histoire économique de notre pays comme des années de disette, ont toujours été signalées par une recrudescence de délits contre la propriété. Il en a été ainsi en 1840, 1847, 1854, années pendant lesquelles le blé atteignit un prix très élevé (Proal).

De même, il n'est pas de crises industrielles ou

---

[1] D'Haussonville ; *Misère et remèdes.*

agricoles qui n'entraînent un accroissement dans le nombre des délits. En créant des chômages, les crises changent totalement les conditions habituelles de la vie ; elles augmentent les difficultés du combat pour l'existence et exposent l'individu à la tentation de faire cesser ses souffrances par un acte délictueux.

Dans les délits contre les personnes, l'influence de la misère est moins apparente. Néanmoins, elle est loin d'être nulle ; car, la misère marche presque toujours de pair avec le défaut d'éducation, d'où « les mauvais exemples, l'honnêteté méconnue, moins de solidité nerveuse, l'excitation aux passions les plus basses, l'impuissance de la réflexion »[1].

En somme, écrit M. Guillot, le bonheur est l'un des plus solides remparts de la vertu.

[1] Turati ; *Il delitto e la questione sociale*.

CHAPITRE XII.

Thérapeutique et Prophylaxie du crime.

«Une société ne peut avoir pour base durable que la solidarité, c'est-à-dire une sorte d'assurance mutuelle garantissant à chacun la sécurité de sa personne et de ses produits ou de ses biens et une liberté n'ayant d'autre limite que l'utilité générale [1].»

Pour avoir droit à la protection, il suffit que chaque membre de l'association concoure pour sa part à la sécurité commune.

C'est par la pénalité que la société réagit contre toute infraction aux lois — mieux vaudrait dire : contre toute *nuisance à la collectivité ou à l'individu*.

Mais le droit de punir a pour corollaire *l'éventualité des délits futurs à prévenir efficacement* [2]. C'est à ce but que la peine doit être adaptée.

---

[1] Féré ; *Dégénérescence et criminalité.*
[2] Tarde ; *Positivisme et pénalité.*

*

Parmi les délinquants, il est une classe de criminels qui n'ont aucune notion ou seulement une notion très incomplète des *nuisances* qu'ils ont occasionnées.

Ce sont, écrit M. Corre, les aliénés-criminels.

Pour cette classe de criminels, la création d'asiles spéciaux, comme il en existe en Angleterre, est une mesure qui s'impose.

«Là seulement, on pourra organiser un système de refrènement qui ne sera ni une souffrance pour de véritables malades, ni une honte pour les familles, imprimer à l'intervention auprès des criminels une direction franchement thérapeutique, qui n'exclura pas pour quelques-uns les moyens de contrainte et de discipline correctives, assurer la guérison aux modifiables, conserver indéfiniment les incurables, et, du même coup, on délivrera les magistrats et les experts médicaux d'un poids énorme ; on ne les obligera plus à faire pencher leurs conclusions dans le sens d'un acquittement préjudiciable au milieu ou d'une condamnation douteusement motivée, également répugnants à leur esprit[1].»

[1] Corre ; *Crime et suicide.*

D'autre part, parmi les coupables, un certain nombre n'ont commis que des fautes légères et peuvent être ramenés sans la moindre difficulté à de meilleurs sentiments.

Au lieu de les jeter dans le monde corrompu des prisons, il serait préférable de faire usage à leur égard — et cela plus souvent qu'on ne le fait — de la condamnation pécuniaire. Quelquefois aussi, mieux vaudrait les condamner à un certain nombre de journées de travail.

Il faut proscrire, aussi souvent qu'on le peut, toutes les peines qui font tache sur une vie et qui ferment la porte du repentir au condamné. C'est pourquoi il est urgent, pense M. Maurice Faure, de réviser la loi qui concerne les jeunes détenus. Au lieu de les faire passer en police correctionnelle, il serait sage de distinguer auparavant entre les plus intéressants et de soumettre ces derniers à une *juridiction paternelle* dont l'intervention n'aurait aucune conséquence déshonorante et n'autoriserait plus tard aucune assimilation fâcheuse.

Suivant M. Guillot [1], la prison est nécessaire, toutes les fois que, par la liberté des coupables, la sécurité des personnes est compromise. Malheureusement, le système de la vie en commun ne

---

[1] Guillot ; *Les prisons de Paris et les prisonniers.*

14

donne à la peine ni le caractère d'un châtiment véritable, ni celui d'un moyen curatif. Il est vrai que les nécessités budgétaires et les craintes qu'inspire, pour la santé, le système cellulaire, empêchent l'application exclusive du régime de l'isolement.

Ce qu'on doit espérer, c'est que le détenu soit obligé, isolé ou non, à subvenir par son travail à son entretien.

La relégation [1] et les travaux forcés sont des moyens humains de se débarrasser des malfaiteurs d'habitude et des pires gredins de droit

[1] Le nombre des relégables diminue de jour en jour, mais ce résultat est loin de coïncider avec une diminution de la criminalité.

Une des causes importantes de la réduction du nombre des condamnations à la relégation « tient certainement à la nouvelle jurisprudence de la Cour de cassation, inaugurée par l'arrêt du 26 février 1889 ».

Aux termes de cet arrêt, «ne peuvent être comptées pour la relégation que les condamnations encourues pour un fait postérieur à la condamnation précédente devenue définitive ».

Il en est résulté, dit le rapport sur l'application de la loi de relégation pendant l'année 1889, qu'un certain nombre d'individus atteints jusque-là, en vertu de la jurisprudence antérieure, échappent désormais à l'application de la loi.

Il y a lieu aussi de faire remarquer que les tribunaux hésitent à prononcer la peine de l'expatriation quand le récidiviste n'encourt en dernier lieu qu'une peine relativement faible.

commun. Mais il ne faut pas que relégués ou transportés puissent se dire qu'à la Guyane ou à la Nouvelle-Calédonie il est aisé de se faire une douce existence. Il faut que l'envoi aux colonies devienne un sujet de crainte pour les condamnés.

Quant à la peine de mort, tôt ou tard, elle sera rayée du Code. L'échafaud est un vieux reste des temps de barbarie. Bon nombre de criminalistes vont même jusqu'à dire qu'il engendre autant de criminels qu'il en supprime.

En revanche, la protection des libérés est une nécessité sociale. Offrir un abri et du travail à tous ceux que le vice et le délit guettent dès la porte de la prison, n'est-ce pas prévenir la récidive?

L'État ne saurait trop encourager les sociétés de patronage. Il devrait même faciliter aux libérés qui en feraient la demande les moyens de passer aux colonies. On pourrait les y employer à la culture et au défrichement des terres.

Après la peine, la protection, la protection «contre eux-mêmes et contre l'hostilité défiante de la société qui semble rejeter inexorablement les libérés, dans le délit ou le crime[1]».

Ainsi se complète la thérapeutique de la criminalité.

---

[1] Lombroso ; *Les applications de l'anthropologie criminelle.*

Mieux vaudrait cependant prévenir le mal que chercher à guérir le coupable.

***

Pour qui veut se rendre compte des funestes conséquences du défaut d'éducation, il suffit de consulter l'excellent travail de M. Raux sur l'enfance coupable.

Il résulte, en effet, d'un tableau relatif à la situation morale de l'enfant dans la famille que «13 % de nos jeunes détenus seulement ont subi une influence morale réelle et efficace, et que, 87 % ont été conduits au crime par l'indifférence, la faiblesse, la brutalité ou la perversité des parents [1] ».

La loi du 24 juillet 1889, sur la protection des enfants maltraités ou moralement abandonnés est donc appelée à rendre de grands services.

Malheureusement, le service des enfants maltraités ou moralement abandonnés n'est, le plus souvent, qu'un simple patronage.

Cela ne suffit pas.

Ce qu'il faut, c'est que la société se substitue à tous les parents indignes.

[1] Raux ; *Nos jeunes détenus.*

Et, puisque l'école a sa part d'action dans la formation de l'enfance, il appartient à l'Etat de créer chez les jeunes gens « cette initiation à la réalité contemporaine qui permettra à l'homme fait d'éviter bien des mécomptes et d'échapper à bien des désillusions».

Il serait à souhaiter aussi que chaque citoyen se rappelât que l'influence exercée sur 'es actes de ses semblables par ses mauvais exemples «le rend en quelque sorte complice de leurs vices et de leurs crimes et qu'à côté de la responsabilité de l'auteur principal, une part de responsabilité lui revient[1]».

Ainsi que l'indiquent les statistiques, l'alcoolisme a fait des progrès inquiétants. Un grand danger nous menace. Crimes, délits, suicides, dégénérescence de la race, etc., voilà où mène l'abus des spiritueux.

A ce danger social, quel remède opposer ?

Laisser le monopole de l'alcool à l'Etat ? Elever les droits sur les alcools et conséquemment dégrever les vins et le cidre ?

Préconiser l'application rigoureuse de la loi sur l'ivresse publique ? Priver de leurs droits politiques les alcooliques, après un certain nombre de condamnations ?

Illusions que tout cela !

[1] Proal ; *Le crime et la peine.*

Pourquoi ces moyens anodins, ces demi-mesures qui ne peuvent donner que de problématiques résultats ?

Les causes principales de l'alcoolisme sont :

1° La vie industrielle.

Les habitants de la campagne émigrent de plus en plus vers les grandes villes, attirés par la multiplicité des excitations qu'ils se promettent d'y trouver. Là, ils s'entassent dans des locaux parfois étroits et mal aérés ; puis, pour faire face aux exigences de la vie, il faut qu'ils se livrent à un travail inaccoutumé et exagéré ou malsain. Il en résulte un épuisement [1] du système nerveux, dont l'un des principaux effets est l'incapacité de l'effort soutenu. Et pour relever leur vitalité défaillante, ils s'adressent à des excitants divers: alcool, tabac, thé, etc., qui semblent les ranimer momentanément. Ainsi se préparent la déchéance individuelle et les aptitudes morbides de la génération suivante.

2° L'agglomération et les villes.

Dans cet ordre d'idées rentrent la mauvaise éducation, qui fausse et dévie, et l'imitation, qui vient grossir la foule des consommateurs.

Dès lors, pourquoi, tout en réclamant la dimi-

---

[1] L'épuisement du système nerveux peut résulter tout aussi bien d'efforts physiques que d'efforts intellectuels (Féré).

nution du nombre des débits qui pullulent, la vérification des alcools vendus dans les débits et la proscription absolue de tous les alcools de mauvaise qualité, ne se préoccupe-t-on pas de retenir et surtout de refouler la population à la campagne ?

Suivant M. d'Haussonville, « la misère est un mal permanent dont l'humanité est atteinte et qui n'épargne ni les sociétés barbares, ni les sociétés civilisées. Pour les unes, c'est la condition normale ; pour les autres, c'est en quelque sorte la rançon de leur prospérité, l'ombre au tableau de leur splendeur ; et, de ce mal, aucune prévision naturelle ne permet d'espérer la guérison[1] ».

Pour rêver l'extinction de la misère, il faudrait, pense M. Corre, imaginer l'utopie de la perfectibilité humaine et concevoir l'hypothèse d'une égalité des intelligences et celle d'une égalité des sentiments.

Par manque d'énergie ou de prévoyance, paresse, infirmités ou chômage, il y aura toujours des malheureux.

Mais, quand un homme souffre, qu'il manque du nécessaire, la société a le devoir de le secourir.

« Un état social, écrit M. de Molinari, où l'indi-

____
[1] *Misère et remèdes.*

vidu n'aurait jamais rien à attendre de la force collective, où il devrait pourvoir par lui-même et dans toutes les situations aux misères de sa nature, ne serait plus un état social, ce serait un état sauvage [1] ».

Ce n'est pas seulement dans une combinaison sage de mesures propres à améliorer le sort des travailleurs (hommes, femmes, enfants) ; ce n'est pas seulement « dans les associations, qui resserrent les liens des hommes entre eux et augmentent ainsi leur force de résistance » ; ce n'est pas seulement « dans l'épargne, qui est une forme de l'empire sur soi-même ; dans la mutualité, qui diminue les mauvaises chances de la vie en les répartissant ; dans la coopération, qui est une manière ingénieuse d'augmenter le gain personnel d'un certain nombre d'ouvriers d'élite ; dans la participation aux bénéfices, qui unit d'une façon plus étroite l'ouvrier au patron [2] » ; ce n'est pas dans ces remèdes seuls que la grave question de la misère est appelée à trouver une solution. Cette solution, elle est aussi dans une équitable répartition des impôts, dans la liberté d'échange, dans l'institution d'exercices hygiéniques, dans la construction de rues larges et de maisons ouvrières à bon marché ; mais elle est surtout dans la réduc-

[1] *Dictionnaire Larousse*, art. *Assistance.*
[2] D'Haussonville ; *Misère et remèdes.*

tion des influences qui sollicitent à l'imprévoyance et à la paresse, dans les associations charitables ayant pour but de venir en aide aux faibles et aux petits ; elle est enfin dans le droit de l'individu à l'assistance.

A ceux qui sont hors d'état de travailler — enfants, malades, infirmes, vieillards — la société doit assurer les moyens d'exister ; l'humanité le lui commande.

Elle doit également s'occuper de ceux qui ne trouvent pas à exercer leur force de travail (chômage) parce qu'elle est, dit M. Gide[1], dans une certaine mesure responsable de cette situation.

Quant à ceux qui ne veulent pas travailler, elle ne saurait se désintéresser d'eux. Les mendiants et les vagabonds constituent un danger public. La société doit donc intervenir et apprendre à ces contempteurs du travail qui honore que le droit de consommer a pour corollaire le devoir de produire.

[1] *Principes d'économie politique.*

CHAPITRE XIII

Statistique criminelle.

A en juger par le nombre des affaires déférées au jury, la grande criminalité diminue.

La proportion des accusés en Cour d'assises atteignait, dans la période de 1825 à 1840, une moyenne annuelle de 24 individus par cent mille habitants. Depuis lors, ce chiffre n'a pas cessé de décroître ; actuellement, il ne dépasse pas onze [1].

En d'autres termes, nous avions près de 7,000 accusés en 1826, 3,252 en 1886 et 2,950 en 1889, avec une population de 38 millions d'habitants.

Malheureusement, cette diminution est plus apparente que réelle. En effet, écrit M. Joly, pour se faire une idée aussi exacte que possible de la criminalité générale du pays, « il est équitable, il est scientifique de réunir aux crimes les délits qui

[1] La proportion est de 7 p. cent mille dans le ressort de de la Cour d'appel de Nîmes et de douze à Montpellier. (Compte général publié en 1893).

intéressent l'ordre social et les mœurs, c'est-à-dire les délits jugés à la requête du ministère public»[1]. Or, si l'on tient compte du nombre des crimes peu graves, transformés en simples délits et *correctionnalisés*[2], suivant l'expression consacrée, que remarque-t-on? C'est que le nombre des accusés ou prévenus, jugés à la requête du ministère public, suit une marche toujours croissante.

Après avoir été de 237 par 100 mille habitants, en 1838, ce chiffre s'est élevé progressivement jusqu'à 512 en 1874 et 552 en 1887.

Ajoutez à cela que le nombre des « affaires classées et sans suite, parce que les auteurs des crimes ou délits sont restés inconnus », s'est accru également dans des proportions énormes. Il était de 9,000 en 1825 ; puis, après s'être élevé à 31,000 et à 61,000, il a atteint le chiffre de 74,098, en 1887 (Joly).

En un mot, la criminalité générale augmente. Mais, comme l'a dit un procureur général de l'Empire, « ce qui prend la place du crime féroce, ce sont les actes de dépravation, ce sont les actes

---

[1] Joly ; *La France criminelle.*

[2] Depuis un demi-siècle, le nombre total des affaires correctionnelles a plus que triplé. La proportion des délits communs s'y est élevée de 34 % en 1826-1830, à 88 % en 1890. (Compte général publié en 1895).

d'inventive cupidité, ce sont les délits qui s'appuient sur la fourberie et sur la ruse » [1].

Grand est le mal, surtout si l'on tient compte de la marche rapidement et régulièrement croissante de la récidive.

En effet, la proportion des récidivistes sur 100 accusés était de 11 % en 1826, 25 % en 1845, 45 % en 1876, 52 % en 1885 et 56 % en 1891.

De là, cet aveu attristé que nous trouvons dans le compte général de la justice criminelle présenté en 1895 : « L'indulgence croissante de la répression a sa part dans les progrès de ce fléau »..

Pour M. Tarde, cette progression ininterrompue de la proportion des récidivistes parmi les accusés ou les prévenus, s'explique par la force du penchant à se copier soi-même et à copier les autres. Du reste, dit-il, cette progression n'est point aussi fâcheuse qu'elle le paraît, » elle montre que la criminalité se localise en devenant une carrière et que de plus en plus la démarcation se creuse, par une sorte de division du travail, entre les honnêtes gens et les coquins » [2].

Si l'on consulte les statistiques, les femmes ont de tout temps commis moins de crimes et de

[1] Joly ; *La France criminelle.*
[2] Tarde ; *Criminalité comparée.*

délits que les hommes. C'est que, « dans la bataille de la vie, quoiqu'elles aient souvent la plus mauvaise part, elles n'ont qu'une responsabilité limitée qui leur enlève ces grands périls moraux où l'homme le mieux doué succombe parfois » [1].

La proportion des femmes aux hommes dans l'ensemble de la criminalité est actuellement de 1/6.

Observons aussi que la proportion des récidivistes femmes aux récidivistes hommes est seulement de 1/9.

» Non seulement, dit M. Guérin, la femme est moins portée à commettre des délits, mais encore elle est bien plus corrigible après en avoir commis ».

Si l'on répartit maintenant les crimes et délits d'après l'état civil des personnes qui les ont commis, on trouve que les célibataires ont toujours fourni un contingent supérieur à celui des gens mariés. « Il est vrai que le nombre de ces derniers ne représente que 40 % de la population française » [2].

Mais voici qui est autrement grave.

Au fur et à mesure que le nombre des accusés

[1] M. du Camp; Paris.
[2] Compte général publié en 1895.

d'origine rurale diminue, celui des accusés d'origine urbaine augmente.

En outre, « les départements les plus riches, les plus producteurs, les plus aisés, et, à vrai dire, les plus civilisés, ceux où sont comprises les plus grandes villes, sont précisément les départements où la criminalité est le plus élevée, qu'il s'agisse d'homicides et de coups, ou de vols et d'escroqueries, ou d'attentats aux mœurs » [1].

Ce serait à croire que le crime suit pas à pas le progrès industriel et le progrès scientifique, qu'il en est une conséquence fatale, en d'autres termes, qu'il n'y a rien à faire contre l'accroissement de la criminalité, si l'on ne savait que l'Angleterre, pays civilisé et prospère, voit, grâce aux mesures prises pour moraliser l'enfance, sa criminalité diminuer pendant que la civilisation ne cesse de croître.

[1] Compte général publié en 1895.

TABLE DES MATIÈRES

Montp. — Typ. Charles Boehm.

Documents manquants (pages, cahiers...)
NF Z 43-120-13

www.ingramcontent.com/pod-product-compliance
Ingram Content Group UK Ltd.
Pitfield, Milton Keynes, MK11 3LW, UK
UKHW021021140726
13695UKWH00001B/392